2022

MSA · eBBR

Original-Prüfungsaufgaben
mit Lösungen

Berlin · Brandenburg

Englisch

STARK

12. ergänzte Auflage
www.stark-verlag.de

Inhalt

Original-Prüfungsaufgaben

In Brandenburg ist *Writing* nicht Teil der Prüfung. Dennoch findest du ein vollständiges Aufgaben-Set, das du zum Üben für die Berliner Prüfung nutzen kannst.

Sobald die Original-Prüfungsaufgaben 2021 zur Veröffentlichung freigegeben sind, kannst du sie als PDF auf der Plattform MyStark herunterladen (Zugangscode vgl. Umschlaginnenseite). 2021 hat in Berlin keine zentrale MSA/eBBR-Prüfung stattgefunden. Bei den online abrufbaren Aufgaben handelt es sich also um die in Brandenburg gestellten.

Jeweils zu Beginn des neuen Schuljahres erscheinen die neuen Ausgaben der Abschlussprüfungen mit Lösungen.
Sollten nach Erscheinen dieses Bandes noch wichtige Änderungen in der Prüfung vom LISUM Berlin-Brandenburg bekannt gegeben werden, findest du aktuelle Informationen dazu ebenfalls auf der Plattform MyStark.

Audio-Dateien

MSA und eBBR 2016
MSA und eBBR 2017
MSA und eBBR 2018
MSA und eBBR 2019
FOR und EBR 2020
FOR und EBR 2021

Hinweis: Die Audio-Dateien kannst du über den **Zugangscode** freischalten, den du vorne im Buch findest.
Die Hintergrundgeräusche der MP3-Audio-Dateien stammen aus folgenden Quellen: Freesound, Pacdv, Partners in Rhyme und Soundsnap.

Sprecher*innen:
D. Beaver, E. Filer, B. Gaulton, E. Gilvray, D. Holzberg, R. Jeannotte, D. Kozlova, B. Krzoska, N. Lizama, J. Mikulla, J. Powell, B. Tendler

Autorinnen und Autoren:

Lösungen Prüfungsaufgaben: Frank Lemke, Kathryn Nussdorf

Vorwort

Liebe Schülerin, lieber Schüler,

dieses Buch enthält die **Original-Prüfungen 2016 bis 2019** aus Berlin und Brandenburg zur intensiven Vorbereitung auf den **Mittleren Schulabschluss** und die **erweiterte Berufsbildungsreife** (bzw. die FOR/EBR in Brandenburg) im Fach **Englisch**. Außerdem findest du hier die **Brandenburger Original-Prüfung 2020**. Auch **2021** fand nur in **Brandenburg** eine **zentrale Prüfung** statt, deren Aufgaben du online abrufen kannst. Diese Sammlung von Prüfungsaufgaben ist insbesondere für die **Vorbereitungsphase unmittelbar vor deinem Abschluss** gedacht und hilft dir dabei, noch mehr Sicherheit im Umgang mit typischen Fragestellungen zu gewinnen. Mithilfe der **Original-Prüfungsaufgaben und Lösungsvorschläge** kannst du testen, ob du für den „Ernstfall" gut gerüstet bist.
Wenn du deine Prüfung in **Berlin** ablegen wirst, versuche, den Hörverstehenstest in 45 Minuten, den Test zum Leseverstehen und Schreiben in 105 Minuten zu bearbeiten – diese Zeit steht dir auch in der Prüfung zur Verfügung.
Als Schüler*in einer **Brandenburger** Ober- oder Gesamtschule kannst du deine Prüfung simulieren, indem du den Bereich Hörverstehen in 45 Minuten, den Bereich Leseverstehen in 60 Minuten bearbeitest.
Kontrolliere erst danach deine Lösungen. Hast du viele Fehler gemacht bzw. hat dir die vorgegebene Zeit nicht ausgereicht, arbeite die Aufgaben noch einmal durch. Wenn du nur sehr wenige oder gar keine Fehler gemacht hast, kannst du ganz entspannt in die Prüfung gehen.

Zu den **Hörverstehenstexten** sowie zur **Original-Prüfung 2021** gelangst du über den Code auf der Umschlaginnenseite. In der **Kurzgrammatik** am Anfang des Buches werden alle wichtigen grammatischen Themen knapp erläutert und an Beispielsätzen veranschaulicht. Hier kannst du nachschlagen, wenn du in der Grammatik einmal unsicher bist.

Der Band „**Training 2022: MSA und eBBR**" (Best.-Nr. 11155ML) bietet dir weiterführende Übungsmöglichkeiten. Er enthält neben den Original-Prüfungen von 2020 und 2021 (online downloadbar) zahlreiche Übungsaufgaben zu allen prüfungsrelevanten Kompetenzbereichen. Darüber hinaus werden dir Strategien zur effektiven Bearbeitung der Aufgaben vermittelt. Außerdem kannst du auch digital üben: mit interaktiven Aufgaben, Lernvideos und „MindCards" zum Vokabellernen. So kannst du dich optimal auch langfristig auf die Prüfung vorbereiten.

Viel Spaß beim Üben und viel Erfolg in der Prüfung!

Hinweise zur Abschlussprüfung

Seit dem Schuljahr 2013/2014 gibt es in Berlin eine **einheitliche MSA / eBBR-Prüfung**, die sowohl zum **mittleren Schulabschluss** als auch zur **erweiterten Berufsbildungsreife** führt. Für den Erwerb der eBBR musst du grundlegende Aufgaben lösen, für den MSA zusätzlich noch anspruchsvollere Aufgaben, die durch ein Sternchen (✶) gekennzeichnet sind. Es ist für die Abschlüsse jedoch nicht von Bedeutung, in welchen der Aufgaben durch korrekte Lösungen Punkte erzielt werden. Alle Aufgaben zählen sowohl für den MSA als auch für die eBBR.
Ähnliches gilt für das Bundesland **Brandenburg**. An **Ober- und Gesamtschulen** kann entweder die **FOR** oder die **EBR** erworben werden, wobei für die FOR auch die „Sternchenaufgaben" zu lösen sind. Die schriftliche Prüfung in Brandenburg prüft seit 2019 die Kompetenzen **Hör- und Leseverstehen** ab. Die Aufgaben für diese beiden Kompetenzbereiche entsprechen denen der Berliner Prüfung. Du kannst dich also auch auf deine Brandenburger FOR- bzw. EBR-Prüfung mit den entsprechenden Teilbereichen der hier abgedruckten Prüfungen vorbereiten. Für die zentrale Prüfung, die an Brandenburger **Gymnasien** am Ende der 10. Klasse abgelegt wird, werden separate Aufgaben erstellt. Diese prüfen die Kompetenzen Hörverstehen und Schreiben/Mediation. Auf diese Prüfung kannst du dich mit dem Band „Zentrale Prüfung – Englisch 10. Klasse – Brandenburg" (Best.-Nr. 1254601) vorbereiten.
In **Berlin** ist darüber hinaus eine **mündliche Prüfung in der ersten Fremdsprache** Teil des MSA, in **Brandenburg** kann die **mündliche Prüfung** entweder wie die schriftliche Prüfung in der ersten Fremdsprache oder aber in der zweiten Fremdsprache absolviert werden.

Bei den Prüfungen zum mittleren Schulabschluss und zur erweiterten Berufsbildungsreife geht es nicht nur um erlerntes Wissen, sondern in erster Linie um **Kompetenzen** oder Fertigkeiten, die in der Sekundarstufe I erworben wurden. Im Fach Englisch wird bei diesen Fertigkeiten zwischen den Bereichen Hörverständnis, Leseverständnis, Schreiben und Sprechen unterschieden. Folglich werden weder Vokabeln noch theoretisches Grammatikwissen abgefragt, sondern es wird geprüft, …

- ob du den Inhalt eines von Muttersprachlern gesprochenen Textes trotz einiger unbekannter Wörter erfassen kannst („**Listening**"),

- ob du einen unbekannten Text durch stilles Lesen verstehst („**Reading**"),
- ob du auf Chatmitteilungen oder Nachrichten in einem Online-Forum reagieren und die Kernaussagen deutscher Texte auf Englisch wiedergeben kannst („**Writing**"),
- ob du in der Lage bist, auf Englisch ein Gespräch zu führen, auf Fragen angemessen zu reagieren, Vorschläge zu machen und zu diskutieren („**Speaking**").

Schriftliche Prüfung
Die schriftliche Prüfung in **Berlin** besteht aus den Teilen Hörverstehen, Leseverstehen und Schreiben. Sie beginnt mit dem Hörverständnisteil. Die Bearbeitungszeit ist von der Länge der Hörverstehenstexte abhängig. Dieser Prüfungsteil dauert ca. 45 Minuten. Erst nach dem Ende der Hörtexte werden die Lösungen auf das „**Answer Sheet**" übertragen.
Im Anschluss stehen für die Aufgaben zum Leseverstehen und Schreiben ca. 105 Minuten zur Verfügung. Auch beim Leseverstehen musst du deine Antworten in ein „**Answer Sheet**" übertragen.
In **Brandenburg** sind nach dem etwa 45-minütigen Hörverstehensteil noch 60 Minuten für die Überprüfung des Leseverständnisses vorgesehen.

Mündliche Prüfung
Die Sprechfertigkeit wird zu einem anderen Termin geprüft. Es handelt sich hierbei in Berlin normalerweise um eine Partnerprüfung von maximal 15 Minuten. In Brandenburg ist eine Gruppenprüfung von bis zu vier Prüflingen vorgesehen, die genaue Dauer richtet sich nach der Anzahl der Prüfungsteilnehmer*innen, sollte aber 20 Minuten nicht überschreiten.

Kurzgrammatik

Besonderheiten einiger Wortarten

1 Adjektive und Adverbien – *Adjectives and Adverbs*

Bildung und Verwendung von Adverbien – *Formation and Use of Adverbs*

Bildung

Adjektiv + *-ly* — glad → gladly

Ausnahmen:

- *-y* am Wortende wird zu *-i* — easy → easily; funny → funnily
- auf einen Konsonanten folgendes *-le* wird zu *-ly* — simple → simply; probable → probably
- *-ic* am Wortende wird zu *-ically* — fantastic → fantastically
  Ausnahme: — public → publicly

Beachte:

- Unregelmäßig gebildet wird: — good → well
- Endet das Adjektiv auf *-ly*, so kann kein Adverb gebildet werden; man verwendet deshalb: *in a* + Adjektiv + *manner/way* — friendly → in a friendly manner
- In einigen Fällen haben Adjektiv und Adverb dieselbe Form, z. B.: — daily, early, fast, hard, long, low, weekly, yearly
- Manche Adjektive bilden zwei Adverbformen, die sich in der Bedeutung unterscheiden, z. B.:

Adj./Adv.	**Adv. auf *-ly***
hard	*hardly*
schwierig, hart	kaum
late	*lately*
spät	neulich, kürzlich
near	*nearly*
nahe	beinahe

The task is hard. (adjective)
Die Aufgabe ist schwierig.
She works hard. (adverb)
Sie arbeitet hart.
She hardly works. (adverb)
Sie arbeitet kaum.

Verwendung
Adverbien bestimmen
- Verben,
- Adjektive,
- andere Adverbien oder
- einen ganzen Satz

näher.

She easily found her brother in the crowd.
Sie fand ihren Bruder leicht in der Menge.

This band is extremely famous.
Diese Band ist sehr berühmt.

He walks extremely quickly.
Er geht äußerst schnell.

Fortunately, nobody was hurt.
Glücklicherweise wurde niemand verletzt.

Beachte:
Nach bestimmten Verben, die einen **Zustand** ausdrücken, steht nicht das Adverb, sondern das Adjektiv, z. B.:

to be	sein
to become	werden
to get	werden
to seem	scheinen
to stay	bleiben

Everything seems quiet.
Alles scheint ruhig zu sein.

Nach manchen Verben kann entweder ein Adjektiv oder ein Adverb folgen (z. B. nach *to feel, to look, to smell, to taste*). Mit Adverb beschreiben diese Verben eine **Tätigkeit**, mit Adjektiv eine **Eigenschaft** des Subjekts.

Harry looks happy! *(Eigenschaft)*
Harry sieht glücklich aus.
Harry looks happily at his cake. *(Tätigkeit)*
Harry schaut glücklich auf seinen Kuchen.

Steigerung des Adjektivs – *Comparison of Adjectives*

Bildung
Man unterscheidet:
- Grundform/Positiv *(positive)* — Peter is young.
- Komparativ *(comparative)* — Jane is younger.
- Superlativ *(superlative)* — Paul is the youngest.

Steigerung auf *-er, -est*	
• einsilbige Adjektive	old, older, oldest *alt, älter, am ältesten*
• zweisilbige Adjektive, die auf *-er, -le, -ow* oder *-y* enden	clever, cleverer, cleverest *klug, klüger, am klügsten* simple, simpler, simplest *einfach, einfacher, am einfachsten* narrow, narrower, narrowest *eng, enger, am engsten* funny, funnier, funniest *lustig, lustiger, am lustigsten*
Beachte:	
• stummes *-e* am Wortende entfällt	simple, simpler, simplest
• nach einem Konsonanten wird *-y* am Wortende zu *-i-*	funny, funnier, funniest
• nach betontem Vokal wird ein Konsonant am Wortende verdoppelt	fit, fitter, fittest

Steigerung mit *more …, most …*	
• zweisilbige Adjektive, die nicht auf *-er, -le, -ow* oder *-y* enden	useful, more useful, most useful *nützlich, nützlicher, am nützlichsten*
• Adjektive mit drei und mehr Silben	difficult, more difficult, most difficult *schwierig, schwieriger, am schwierigsten*

Unregelmäßige Steigerung	
Die unregelmäßig gesteigerten Adjektive muss man auswendig lernen. Besonders wichtig sind z. B.:	good, better, best *gut, besser, am besten* bad, worse, worst *schlecht, schlechter, am schlechtesten*

Steigerungsformen im Satz – *Sentences with Comparisons*

Es gibt folgende Möglichkeiten, Steigerungen im Satz zu verwenden:

- **Positiv:** Zwei oder mehr Personen oder Sachen sind **gleich oder ungleich:** *(not) as* + Grundform des Adjektivs + *as*

  Anne is as tall as John (and Steve).
  Anne ist genauso groß wie John (und Steve).

  John is not as tall as Steve.
  John ist nicht so groß wie Steve.

- **Komparativ:** Zwei oder mehr Personen/Sachen sind **verschieden** (größer/besser ...): Komparativform des Adjektivs + *than*

  Steve is taller than Anne.
  Steve ist größer als Anne.

- **Superlativ:** Eine Person oder Sache wird besonders hervorgehoben (der/die/das größte/beste ...): *the* + Superlativform des Adjektivs

  Steve is the tallest boy in class.
  Steve ist der größte Junge in der Klasse.

Steigerung des Adverbs – *Comparison of Adverbs*

Adverbien können wie Adjektive auch gesteigert werden.

- Adverbien auf *-ly* werden mit *more, most* bzw. mit *less, least* gesteigert.

  She talks more quickly than John.
  Sie spricht schneller als John.

- Adverbien, die dieselbe Form wie das Adjektiv haben, werden mit *-er, -est* gesteigert.

  fast – faster – fastest
  early – earlier – earliest

- Manche Adverbien haben unregelmäßige Steigerungsformen, z. B.:

  well – better – best
  badly – worse – worst
  little – less – least
  much – more – most

Die Stellung von adverbialen Bestimmungen im Satz

Adverbiale Bestimmungen können verschiedene Positionen im Satz einnehmen:

- Am **Anfang des Satzes**, vor dem Subjekt *(front position)*

  Tomorrow he will be in London.
  Morgen [betont] wird er in London sein.
  Unfortunately, I can't come to the party.
  Leider kann ich nicht zur Party kommen.

- **Im Satz** *(mid position)*
  vor dem Vollverb,

  She often goes to school by bike.
  Sie fährt oft mit dem Rad in die Schule.

  nach *to be*,

  She is already at home.
  Sie ist schon zu Hause.

  nach dem ersten Hilfsverb.

  You can even go swimming there.
  Man kann dort sogar schwimmen gehen.

- Am **Ende des Satzes** *(end position)*

  He will be in London tomorrow.
  Er wird morgen in London sein.

  Gibt es mehrere Adverbiale am Satzende, so gilt die **Reihenfolge**: Art und Weise – Ort – Zeit *(manner – place – time)*

  The snow melts slowly in the mountains at springtime.
  Im Frühling schmilzt der Schnee langsam in den Bergen.

2 Artikel – *Article*

Der **bestimmte Artikel** steht, wenn man von einer **ganz bestimmten Person oder Sache** spricht.

The cat is sleeping on the sofa.
Die Katze schläft auf dem Sofa. [nicht irgendeine Katze, sondern eine bestimmte]

Beachte: Der bestimmte Artikel steht unter anderem **immer** in folgenden Fällen:

- **abstrakte Begriffe**, die näher erläutert sind

  The agriculture practised in the USA is very successful.
  Die Landwirtschaft, wie sie in den USA praktiziert wird, ist sehr erfolgreich.

- **Gebäudebezeichnungen**, wenn man vom Gebäude und nicht von der Institution spricht

  The university should be renovated soon.
  Die Universität sollte bald renoviert werden.

- **Eigennamen im Plural** (Familiennamen, Gebirge, Inselgruppen, einige Länder etc.)

  the Johnsons, the Rockies, the Hebrides, the Netherlands, the USA

- Namen von **Flüssen** und **Meeren**

  the Mississippi, the North Sea, the Pacific Ocean

Der **unbestimmte Artikel** steht, wenn man von einer **nicht näher bestimmten Person oder Sache** spricht.

A man is walking down the road.
Ein Mann läuft gerade die Straße entlang. [irgendein Mann]

Beachte: Der unbestimmte Artikel steht **häufig** bei:	
• **Berufsbezeichnungen** und **Nationalitäten**	She is an engineer. *Sie ist Ingenieurin.* He is a Scot(sman). *Er ist Schotte.*
• Zugehörigkeit zu einer **Religion** oder **Partei**	She is a Catholic. *Sie ist katholisch.* He is a Tory. *Er ist Mitglied der Tories.*

In diesen Fällen steht **kein Artikel**:	
• **nicht zählbare** Nomen wie z. B. **Stoffbezeichnungen**	Gold is very valuable. *Gold ist sehr wertvoll.*
• **abstrakte Nomen** ohne nähere Bestimmung	Buddhism is widespread in Asia. *Der Buddhismus ist in Asien weit verbreitet.*
• **Kollektivbegriffe**, z. B. *man* (= der Mensch bzw. alle Menschen), *society*	Man is responsible for global warming. *Der Mensch ist für die Klimaerwärmung verantwortlich.*
• **Institutionen**, z. B. *school, church, university, prison*	We went to school together. *Wir gingen zusammen zur Schule.*
• **Mahlzeiten**, z. B. *breakfast, lunch*	Dinner is at 8 p.m. *Das Abendessen ist um 20 Uhr.*
• *by* + **Verkehrsmittel**	I went to school by bike. *Ich fuhr mit dem Fahrrad zur Schule.*
• **Personennamen** (auch mit Titel), **Verwandtschaftsbezeichnungen**, die wie Namen verwendet werden	Tom, Mr Scott, Queen Elizabeth, Dr Hill, Dad, Uncle Harry
• Bezeichnungen für **Straßen, Plätze, Brücken, Parkanlagen**	Fifth Avenue, Trafalgar Square, Westminster Bridge, Hyde Park
• Namen von **Ländern, Kontinenten, Städten, Seen, Inseln, Bergen**	France, Asia, San Francisco, Loch Ness, Corsica, Ben Nevis

3 Pronomen – *Pronouns*

Possessivbegleiter und -pronomen – *Possessive Determiners and Pronouns*

„Possessiv" bedeutet **besitzanzeigend**. Man verwendet diese Formen, um zu sagen, **wem etwas gehört**. Man unterscheidet Possessivbegleiter, die mit einem Substantiv stehen, und Possessivpronomen (sie ersetzen ein Substantiv):

mit Substantiv	ohne Substantiv		
my	*mine*	This is my bike.	– This is mine.
your	*yours*	This is your bike.	– This is yours.
his/her/its	*his/hers/–*	This is her bike.	– This is hers.
our	*ours*	This is our bike.	– This is ours.
your	*yours*	This is your bike.	– This is yours.
their	*theirs*	This is their bike.	– This is theirs.

Reflexivpronomen – *Reflexive Pronouns*

Reflexivpronomen *(reflexive pronouns)* **beziehen sich auf das Subjekt** des Satzes **zurück**.

myself	I will look after myself.
yourself	You will look after yourself.
himself / herself / itself	He will look after himself.
ourselves	We will look after ourselves.
yourselves	You will look after yourselves.
themselves	They will look after themselves.

Beachte:

- Einige Verben stehen ohne Reflexivpronomen, obwohl im Deutschen mit „mich, dich, sich etc." übersetzt wird.

I apologise …
Ich entschuldige mich …
He is hiding.
Er versteckt sich.

- Einige Verben können sowohl mit einem Objekt als auch mit einem Reflexivpronomen verwendet werden. Dabei ändert sich die Bedeutung, z. B. bei *to enjoy* und *to help.*

He is enjoying the party.
Er genießt die Party.
She is enjoying herself.
Sie amüsiert sich.

He is helping the child.
Er hilft dem Kind.
Help yourself!
Bedienen Sie sich!

Reziprokes Pronomen – *Reciprocal Pronoun* (“each other/one another”)

each other/one another ist unveränderlich. Es bezieht sich auf **zwei oder mehr Personen** und wird mit „sich (gegenseitig)/einander“ übersetzt.

They looked at each other and laughed.
Sie schauten sich (gegenseitig) an und lachten.
oder:
Sie schauten einander an und lachten.

Beachte:
Einige Verben stehen ohne *each other*, obwohl im Deutschen mit „sich“ übersetzt wird.

to meet	*sich treffen*
to kiss	*sich küssen*
to fall in love	*sich verlieben*

4 Präpositionen – *Prepositions*

Präpositionen *(prepositions)* drücken **räumliche, zeitliche oder andere Arten von Beziehungen** aus.

The ball is under the table.
He came home after six o’clock.

Die wichtigsten Präpositionen mit Beispielen für ihre Verwendung:

- *at*
  Ortsangabe: *at home*
  I’m at home now. *Ich bin jetzt zu Hause.*

  Zeitangabe: *at 3 p.m.*
  He arrived at 3 p.m. *Er kam um 15 Uhr an.*
- *by*
  Angabe des Mittels: *by bike*
  She went to work by bike.
  Sie fuhr mit dem Rad zur Arbeit.

  Angabe der Ursache: *by mistake*
  He did it by mistake.
  Er hat es aus Versehen getan.

  Zeitangabe: *by tomorrow*
  You will get the letter by tomorrow.
  Du bekommst den Brief bis morgen.
- *for*
  Zeitdauer: *for hours*
  We waited for the bus for hours.
  Wir warteten stundenlang auf den Bus.
- *from*
  Ortsangabe: *from Dublin*
  Ian is from Dublin.
  Ian kommt aus Dublin.

  Zeitangabe: *from nine to five*
  We work from nine to five.
  Wir arbeiten von neun bis fünf Uhr.
- *in*
  Ortsangabe: *in England*
  In England, they drive on the left.
  In England herrscht Linksverkehr.

Zeitangabe: *in the morning*	They woke up in the morning. *Sie wachten am Morgen auf.*
• *of* Besitz/Zugehörigkeit/Teilmenge: *north of the city, owner of the pub*	The village lies north of the city. *Das Dorf liegt nördlich der Stadt.*
• *on* Ortsangabe: *on the left, on the floor*	On the left you see the London Eye. *Links sehen Sie das London Eye.*
Zeitangabe: *on Monday*	On Monday she will buy the tickets. *(Am) Montag kauft sie die Karten.*
• *to* Richtungsangabe: *to the left*	Please turn to the left. *Bitte wenden Sie sich nach links.*
Angabe des Ziels: *to London*	He goes to London every year. *Er fährt jedes Jahr nach London.*

5 Modale Hilfsverben – *Modal Auxiliaries*

Zu den **modalen Hilfsverben** *(modal auxiliaries)* zählen z. B. *can, may* und *must.*

Bildung • Die modalen Hilfsverben haben für alle Personen **nur eine Form**: kein *-s* in der 3. Person Singular.	I, you, he/she/it, we, you, they } must
• Auf ein modales Hilfsverb folgt der **Infinitiv ohne *to*.**	You must listen to my new CD. *Du musst dir meine neue CD anhören.*
• **Frage und Verneinung** werden nicht mit *do/did* umschrieben.	Can you help me, please? *Kannst du mir bitte helfen?*
Die modalen Hilfsverben können nicht alle Zeiten bilden. Deshalb benötigt man **Ersatzformen** (können auch im Präsens verwendet werden).	
• ***can*** (können) Ersatzformen: ***(to) be able to*** (Fähigkeit), ***(to) be allowed to*** (Erlaubnis)	I can sing./I was able to sing. *Ich kann singen. / Ich konnte singen.* You can't go to the party./ I wasn't allowed to go to the party. *Du darfst nicht auf die Party gehen./* *Ich durfte nicht auf die Party gehen.*
Beachte: Im *simple past* und *conditional I* ist auch *could* möglich.	When I was three, I could already ski. *Mit drei konnte ich schon Ski fahren.*

• ***may*** (dürfen) – sehr höflich Ersatzform: ***(to) be allowed to***	You may go home early./ You were allowed to go home early. *Du darfst früh nach Hause gehen./* *Du durftest früh nach Hause gehen.*
• ***must*** (müssen) Ersatzform: ***(to) have to***	He must be home by ten o'clock./ He had to be home by ten o'clock. *Er muss um zehn Uhr zu Hause sein./* *Er musste um zehn Uhr zu Hause sein.*
Beachte: ***must not/mustn't*** = „nicht dürfen"	You must not eat all the cake. *Du darfst nicht den ganzen Kuchen essen.*
„nicht müssen, nicht brauchen" = ***not have to, needn't***	You don't have to/needn't eat all the cake. *Du musst nicht den ganzen Kuchen essen./* *Du brauchst nicht … zu essen.*

Infinitiv, Gerundium oder Partizip? – Die infiniten Verbformen

6 Infinitiv – *Infinitive*

Der **Infinitiv** (Grundform des Verbs) **mit *to*** steht z. B. **nach**

• bestimmten **Verben**, z. B.:

to decide	(sich) entscheiden, beschließen	He decided to wait. *Er beschloss zu warten.*
to expect	erwarten	
to hope	hoffen	
to manage	schaffen	
to plan	planen	
to promise	versprechen	
to want	wollen	

• bestimmten **Substantiven und Pronomen** *(something, anything)*, z. B.:

attempt	Versuch	We haven't got anything to eat at home. *Wir haben nichts zu essen zu Hause.*
idea	Idee	
plan	Plan	It was her plan to visit him in May. *Sie hatte vor, ihn im Mai zu besuchen.*
wish	Wunsch	

• bestimmten **Adjektiven** (auch in Verbindung mit *too/enough*) und deren Steigerungsformen, z. B.:

certain	sicher	
difficult/hard	schwer, schwierig	Maths is often difficult to understand. *Mathe ist oft schwer zu verstehen.*
easy	leicht	

- **Fragewörtern**, wie z. B. *what, where, which, who, when, how* und nach *whether*. Diese Konstruktion ersetzt eine indirekte Frage mit modalem Hilfsverb.

We knew where to find her. / We knew where we would find her.
Wir wussten, wo wir sie finden würden.

Die Konstruktion **Objekt + Infinitiv** wird im Deutschen oft mit einem „dass"-Satz übersetzt.
Sie steht z. B. **nach**

- bestimmten **Verben**, z. B.:

to allow	erlauben
to get	veranlassen
to help	helfen
to persuade	überreden

She allowed him to go to the cinema.
Sie erlaubte ihm, dass er ins Kino geht. / … ins Kino zu gehen.

- **Verb + Präposition**, z. B.:

to count on	rechnen mit
to rely on	sich verlassen auf
to wait for	warten auf

She relies on him to arrive in time.
Sie verlässt sich darauf, dass er rechtzeitig ankommt.

- **Adjektiv + Präposition**, z. B.:

easy for	leicht
necessary for	notwendig
nice of	nett
silly of	dumm

It is necessary for you to study more.
Es ist notwendig, dass du mehr lernst.

- **Substantiv + Präposition**, z. B.:

opportunity for	Gelegenheit
idea for	Idee
time for	Zeit
mistake for	Fehler

Work experience is a good opportunity for you to find out which job suits you.
Ein Praktikum ist eine gute Gelegenheit, herauszufinden, welcher Beruf zu dir passt.

- einem **Adjektiv**, das durch ***too*** oder ***enough*** näher bestimmt wird.

The box is too heavy for me to carry.
Die Kiste ist mir zu schwer zum Tragen.

The weather is good enough for us to go for a walk. *Das Wetter ist gut genug, dass wir spazieren gehen können.*

7 Gerundium (-*ing*-Form) – *Gerund*

Bildung
Infinitiv + -*ing*

read → reading

Beachte:

- stummes *-e* entfällt — write → writing
- nach kurzem betontem Vokal: Schlusskonsonant verdoppelt — stop → stopping
- *-ie* wird zu *-y* — lie → lying

Verwendung

Das *gerund* kann sowohl **Subjekt** als auch **Objekt** eines Satzes sein.

Skiing is fun. *Skifahren macht Spaß.*
He has given up smoking. *Er hat mit dem Rauchen aufgehört.*

Die *-ing*-Form steht z. B. nach:

- bestimmten **Verben**, z. B.:

to avoid	vermeiden
to enjoy	genießen, gern tun
to keep (on)	weitermachen
to miss	vermissen
to risk	riskieren
to suggest	vorschlagen

He enjoys reading comics.
Er liest gerne Comics.

You risk losing a friend.
Du riskierst, einen Freund zu verlieren.

- **Verb + Präposition**, z. B.:

to agree with	zustimmen
to believe in	glauben an
to dream of	träumen von
to look forward to	sich freuen auf
to talk about	sprechen über

She dreams of meeting a star.
Sie träumt davon, einen Star zu treffen.

- **Adjektiv + Präposition**, z. B.:

(be) afraid of	sich fürchten vor
famous for	berühmt für
good/bad at	gut/schlecht in
interested in	interessiert an

He is afraid of losing his job.
Er hat Angst, seine Arbeit zu verlieren.

- **Substantiv + Präposition**, z. B.:

chance of	Chance, Aussicht
danger of	Gefahr
reason for	Grund
way of	Art und Weise

Do you have a chance of getting the job?
Hast du Aussicht, die Stelle zu bekommen?

• nach bestimmten **Präpositionen**, wie z. B.: *after* — nachdem *before* — bevor *by* — indem, dadurch, dass *in spite of* — trotz *instead of* — statt	Before leaving the room he said goodbye. *Bevor er den Raum verließ, verabschiedete er sich.*

8 Infinitiv oder Gerundium? – *Infinitive or Gerund?*

Einige Verben können sowohl **mit** dem **Infinitiv** als auch **mit der -*ing*-Form** stehen, **ohne** dass sich die **Bedeutung ändert**, z. B. *to love, to hate, to prefer, to start, to begin, to continue.*	I hate getting up early. I hate to get up early. *Ich hasse es, früh aufzustehen.*

Bei manchen Verben **ändert sich** jedoch die **Bedeutung**, je nachdem, ob sie mit Infinitiv oder mit der -*ing*-Form verwendet werden, z. B. *to remember, to forget, to stop.*	
• *to remember* + Infinitiv: „daran denken, etwas zu tun"	I must remember to post the invitations. *Ich muss daran denken, die Einladungen einzuwerfen.*
to remember + *ing*-Form: „sich erinnern, etwas getan zu haben"	I remember posting the invitations. *Ich erinnere mich daran, die Einladungen eingeworfen zu haben.*
• *to forget* + Infinitiv: „vergessen, etwas zu tun"	Don't forget to water the plants. *Vergiss nicht, die Pflanzen zu gießen.*
to forget + *ing*-Form: „vergessen, etwas getan zu haben"	I'll never forget meeting the President. *Ich werde nie vergessen, wie ich den Präsidenten traf.*
• *to stop* + Infinitiv: „stehen bleiben, um etwas zu tun"	I stopped to read the road sign. *Ich hielt an, um das Verkehrsschild zu lesen.*
to stop + *ing*-Form: „aufhören, etwas zu tun"	He stopped laughing. *Er hörte auf zu lachen.*

9 Partizipien – *Participles*

Partizip Präsens – *Present Participle*

Bildung Infinitiv + *ing* Sonderformen: siehe *gerund* (S. G 11 f.)	talk → talking
Verwendung Das *present participle* verwendet man zur Bildung der Verlaufsformen, z. B.	
• zur Bildung des *present progressive*,	Peter is reading. *Peter liest (gerade).*
• zur Bildung des *past progressive*,	Peter was reading when I saw him. *Peter las (gerade), als ich ihn sah.*
• zur Bildung des *present perfect progressive,*	I have been living in Sydney for 5 years. *Ich lebe seit 5 Jahren in Sydney.*
• zur Bildung des *future progressive,*	This time tomorrow I will be working. *Morgen um diese Zeit werde ich arbeiten.*
oder wie ein Adjektiv, wenn es vor einem Substantiv steht.	The village hasn't got running water. *Das Dorf hat kein fließendes Wasser.*

Partizip Perfekt – *Past Participle*

Bildung Infinitiv + *-ed*	talk → talked
Beachte:	
• stummes *-e* entfällt	live → lived
• nach betontem Vokal wird der Schlusskonsonant verdoppelt	stop → stopped
• *-y* wird zu *-ie*	cry → cried
• unregelmäßige Verben (S. G 31 f.)	be → been
Verwendung Das *past participle* verwendet man zur Bildung der Perfektformen, z. B.	
• zur Bildung des *present perfect*,	He hasn't talked to Tom yet. *Er hat noch nicht mit Tom gesprochen.*

• zur Bildung des *past perfect*,	Before they went biking in France, they had bought new bikes. *Bevor sie nach Frankreich zum Radfahren gingen, hatten sie neue Fahrräder gekauft.*
• zur Bildung des *future perfect*,	The letter will have arrived by then. *Der Brief wird bis dann angekommen sein.*
zur Bildung des Passivs	The fish was eaten by the cat. *Der Fisch wurde von der Katze gefressen.*
oder wie ein Adjektiv, wenn es vor einem Substantiv steht.	Peter has got a well-paid job. *Peter hat eine gut bezahlte Stelle.*

Verkürzung eines Nebensatzes durch ein Partizip

Adverbiale Nebensätze (meist kausale oder temporale Bedeutung) und **Relativsätze** können durch ein Partizip verkürzt werden.	She watches the news, because she wants to stay informed. Wanting to stay informed, she watches the news. *Sie sieht sich die Nachrichten an, weil sie informiert bleiben möchte.*
Das Zeitverhältnis zwischen Haupt- und Nebensatz bestimmt die Form des Partizips:	
• Das *present participle* verwendet man, um **Gleichzeitigkeit** mit der Haupthandlung auszudrücken.	He did his homework listening to music. *Er machte seine Hausaufgaben und hörte dabei Musik.*
• *Having + past participle* verwendet man, um auszudrücken, dass die **Nebenhandlung vor der Haupthandlung** geschah.	Having done his homework, he listened to music. *Nachdem er seine Hausaufgaben gemacht hatte, hörte er Musik.*
• Das *past participle* verwendet man auch, um einen Satz im **Passiv** zu verkürzen.	Sally is a manager in a five-star hotel which is called Pacific View. Sally is a manager in a five-star hotel called Pacific View.

Beachte: • Man kann einen Temporal- oder Kausalsatz verkürzen, wenn **Haupt- und Nebensatz dasselbe Subjekt** haben.	When he was walking down the street, he saw Jo. (When) walking down the street, he saw Jo. *Als er die Straße entlangging, sah er Jo.*

• Bei **Kausalsätzen** entfallen die Konjunktionen *as, because* und *since* im verkürzten Nebensatz.	As he was hungry, he bought a sandwich. Being hungry, he bought a sandwich. *Da er hungrig war, kaufte er ein Sandwich.*
• In einem **Temporalsatz** bleibt die einleitende **Konjunktion** häufig erhalten, um dem Satz eine **eindeutige Bedeutung** zuzuweisen.	When he left, he forgot to lock the door. When leaving, he forgot to lock the door. *Als er ging, vergaß er, die Tür abzuschließen.*
	Tara got sick eating too much chocolate. *Tara wurde schlecht, als/während/da sie zu viel Schokolade aß. [verschiedene Deutungen möglich]*
Die Vorzeitigkeit einer Handlung kann durch ***after + present participle*** oder durch ***having + past participle*** ausgedrückt werden.	After finishing / Having finished breakfast, he went to work. *Nachdem er sein Frühstück beendet hatte, ging er zur Arbeit.*
• Bei **Relativsätzen** entfallen die Relativpronomen *who, which* und *that.*	I saw a six-year-old boy who played the piano. I saw a six-year-old boy playing the piano. *Ich sah einen sechsjährigen Jungen, der gerade Klavier spielte. / … Klavier spielen.*

Verbindung von zwei Hauptsätzen durch ein Partizip

Zwei Hauptsätze können durch ein Partizip verbunden werden, wenn sie **dasselbe Subjekt** haben. **Beachte:** • Das Subjekt des zweiten Hauptsatzes und die Konjunktion *and* entfallen. • Die Verbform des zweiten Hauptsatzes wird durch das Partizip ersetzt.	He did his homework and he listened to the radio. He did his homework listening to the radio. *Er machte seine Hausaufgaben und hörte Radio.*

Unverbundene Partizipialkonstruktionen – *Absolute Participle Constructions*

Unverbundene Partizipialkonstruktionen haben ein **eigenes Subjekt**, das nicht mit dem Subjekt des Hauptsatzes übereinstimmt. Sie werden in **gehobener Sprache** verwendet.
Mit einleitendem ***with*** werden sie auf allen Stilebenen verwendet.

The sun having come out, the ladies went for a walk in the park.
Da die Sonne herausgekommen war, gingen die Damen im Park spazieren.

With the telephone ringing, she jumped out of bed.
Als das Telefon klingelte, sprang sie aus dem Bett.

Bildung und Gebrauch der finiten Verbformen

10 Zeiten – *Tenses*

Simple Present

Bildung
Grundform (= Infinitiv), Ausnahme:
3. Person Singular: Infinitiv + *-s*

stand – he/she/it stands

Beachte:

- Bei Verben, die auf Laute wie *-s, -sh, -ch, -x* und *-z* enden, wird in der 3. Person Singular *-es* angefügt.

kiss – he/she/it kisses
rush – he/she/it rushes
teach – he/she/it teaches
fix – he/she/it fixes

- Bei Verben, die auf Konsonant + *-y* enden, wird *-es* angefügt; *-y* wird zu *-i-*.

carry – he/she/it carries

Bildung von Fragen im *simple present*
(Fragewort +) *do/does* + Subjekt + Infinitiv

Where does he live? / Does he live in London?
Wo lebt er? / Lebt er in London?

Beachte:
Die Umschreibung mit *do/does* wird nicht verwendet,

- wenn nach dem Subjekt gefragt wird (mit *who, what, which*),

Who likes pizza?
Wer mag Pizza?

Which tree has more leaves?
Welcher Baum hat mehr Blätter?

- wenn die Frage mit *is/are* gebildet wird.

Are you happy?
Bist du glücklich?

Bildung der Verneinung im *simple present* *don't/doesn't* + Infinitiv	He doesn't like football. *Er mag Fußball nicht.*

Verwendung Das *simple present* wird verwendet:	
• bei Tätigkeiten, die man **gewohnheitsmäßig** oder häufig ausführt Signalwörter: z. B. *always, often, never, every day, every morning, every afternoon*	Every morning John buys a newspaper. *Jeden Morgen kauft John eine Zeitung.*
• bei **allgemeingültigen** Aussagen	London is a big city. *London ist eine große Stadt.*
• bei **Zustandsverben**: Sie drücken Eigenschaften / Zustände von Personen und Dingen aus und stehen normalerweise nur in der *simple form*, z. B. *to hate, to know, to like.*	I like science-fiction films. *Ich mag Science-Fiction-Filme.*

Present Progressive / Present Continuous

Bildung *am/is/are + present participle*	read → am/is/are reading
Bildung von Fragen im *present progressive* (Fragewort +) *am/is/are* + Subjekt + *present participle*	Is Peter reading? / What is he reading? *Liest Peter gerade? / Was liest er?*
Bildung der Verneinung im *present progressive* *am not/isn't/aren't + present participle*	Peter isn't reading. *Peter liest gerade nicht.*

Verwendung Mit dem *present progressive* drückt man aus, dass etwas **gerade passiert** und **noch nicht abgeschlossen** ist. Es wird daher auch als **Verlaufsform** der Gegenwart bezeichnet. Signalwörter: *at the moment, now*	At the moment, Peter is drinking a cup of tea. *Im Augenblick trinkt Peter eine Tasse Tee. [Er hat damit angefangen und noch nicht aufgehört.]*

Simple Past

Bildung Regelmäßige Verben: Infinitiv + *-ed*	walk → walked
Beachte: • stummes *-e* entfällt	hope → hoped
• Bei Verben, die auf Konsonant + *-y* enden, wird *-y* zu *-i-*.	carry → carried
• Nach betontem Vokal wird der Schlusskonsonant verdoppelt.	stop → stopped
Unregelmäßige Verben: siehe Liste S. G 31 f.	be → was have → had
Bildung von Fragen im *simple past* (Fragewort +) *did* + Subjekt + Infinitiv	(Why) Did he look out of the window? *(Warum) Sah er aus dem Fenster?*
Beachte: Die Umschreibung mit *did* wird nicht verwendet, • wenn nach dem Subjekt gefragt wird (mit *who, what, which*),	Who paid the bill? *Wer zahlte die Rechnung?* What happened to your friend? *Was ist mit deinem Freund passiert?*
• wenn die Frage mit *was/were* gebildet wird.	Were you happy? *Warst du glücklich?*
Bildung der Verneinung im *simple past* *didn't* + Infinitiv	He didn't call me. *Er rief mich nicht an.*

Verwendung Das *simple past* beschreibt Handlungen und Ereignisse, die **in der Vergangenheit passierten** und **bereits abgeschlossen** sind. Signalwörter: z. B. *yesterday, last week/year, two years ago, in 2008*	Last week, he helped me with my homework. *Letzte Woche half er mir bei meinen Hausaufgaben. [Die Handlung fand in der letzten Woche statt, ist also abgeschlossen.]*

Past Progressive / Past Continuous

Bildung *was/were + present participle*	watch → was/were watching
Verwendung Die **Verlaufsform** *past progressive* verwendet man, wenn **zu einem bestimmten Zeitpunkt** in der Vergangenheit eine **Handlung ablief**, bzw. wenn eine **Handlung** von einer anderen **unterbrochen** wurde.	Yesterday at 9 o'clock I was still sleeping. *Gestern um 9 Uhr schlief ich noch.* I was reading a book when Peter came into the room. *Ich las (gerade) ein Buch, als Peter ins Zimmer kam.*

Present Perfect (Simple)

Bildung *have/has + past participle*	write → has/have written
Verwendung Das *present perfect* verwendet man,	
• wenn ein Vorgang **in der Vergangenheit begonnen** hat und **noch andauert**,	He has lived in London since 2008. *Er lebt seit 2008 in London.* *[Er lebt jetzt immer noch in London.]*
• wenn das Ergebnis einer vergangenen Handlung **Auswirkungen auf die Gegenwart** hat.	I have just cleaned my car. *Ich habe gerade mein Auto geputzt.* *[Man sieht evtl. das saubere Auto.]*
Signalwörter: z. B. *already, ever, just, how long, not … yet, since, for*	Have you ever been to Dublin? *Warst du schon jemals in Dublin?*
Beachte: • *have/has* können zu *'ve/'s* verkürzt werden.	He's given me his umbrella. *Er hat mir seinen Regenschirm gegeben.*
• Das *present perfect* wird oft mit *since* und *for* verwendet („seit"). – ***since*** gibt einen **Zeitpunkt** an:	Ron has lived in Sydney since 2007. *Ron lebt seit 2007 in Sydney.*
– ***for*** gibt einen **Zeitraum** an:	Sally has lived in Berlin for five years. *Sally lebt seit fünf Jahren in Berlin.*

Present Perfect Progressive / Present Perfect Continuous

Bildung
have/has + been + present participle

write → has/have been writing

Verwendung
Die **Verlaufsform** *present perfect progressive* verwendet man, um die **Dauer einer Handlung** zu **betonen**, die in der Vergangenheit begonnen hat und noch andauert.

She has been sleeping for ten hours.
Sie schläft seit zehn Stunden.

Past Perfect (Simple)

Bildung
had + past participle

write → had written

Verwendung
Die Vorvergangenheit *past perfect* verwendet man, wenn ein Vorgang in der Vergangenheit **vor einem anderen Vorgang in der Vergangenheit abgeschlossen** wurde.

He had bought a ticket before he took the train to Manchester.
Er hatte eine Fahrkarte gekauft, bevor er den Zug nach Manchester nahm. [Beim Einsteigen war der Kauf abgeschlossen.]

Past Perfect Progressive / Past Perfect Continuous

Bildung
had + been + present participle

write → had been writing

Verwendung
Die **Verlaufsform** *past perfect progressive* verwendet man für **Handlungen**, die in der Vergangenheit **bis zu dem Zeitpunkt andauerten**, zu dem eine neue Handlung einsetzte.

She had been sleeping for ten hours when the doorbell rang.
Sie hatte seit zehn Stunden geschlafen, als es an der Tür klingelte. [Das Schlafen dauerte bis zu dem Zeitpunkt an, als es an der Tür klingelte.]

Will-future

Bildung
will + Infinitiv

buy → will buy

Bildung von Fragen im *will-future*
(Fragewort +) *will* + Subjekt + Infinitiv

What will you buy?
Was wirst du kaufen?

Bildung der Verneinung im *will-future*
won't + Infinitiv

She won't come to our party.
Sie wird nicht zu unserer Party kommen.

Verwendung
Das *will-future* verwendet man, wenn ein Vorgang **in der Zukunft stattfinden** wird:

- bei Vorhersagen oder Vermutungen,

The weather will be fine tomorrow.
Das Wetter wird morgen schön (sein).

- bei spontanen Entscheidungen.

[doorbell] "I'll open the door."
"Ich mache die Tür auf."

Going-to-future

Bildung
am/is/are + *going to* + Infinitiv

find → am/is/are going to find

Verwendung
Das *going-to-future* verwendet man, wenn man ausdrücken will:

- was man für die Zukunft **plant** oder **zu tun beabsichtigt**.

I am going to work in England this summer.
Diesen Sommer werde ich in England arbeiten.

- dass ein **Ereignis bald eintreten wird**, da bestimmte **Anzeichen** vorhanden sind.

Look at those clouds. It's going to rain soon.
Schau dir diese Wolken an. Es wird bald regnen.

Simple Present und *Present Progressive* zur Wiedergabe der Zukunft

Verwendung

- Mit dem ***present progressive*** drückt man **Pläne** für die Zukunft aus, für die bereits **Vorkehrungen** getroffen wurden.
- Mit dem ***simple present*** wird ein zukünftiges Geschehen wiedergegeben, das **von außen festgelegt** wurde, z. B. Fahrpläne, Programme, Kalender.

We are flying to New York tomorrow.
Morgen fliegen wir nach New York.
[Wir haben schon Tickets.]

The train leaves at 8.15 a.m.
Der Zug fährt um 8.15 Uhr.

The play ends at 10 p.m.
Das Theaterstück endet um 22 Uhr.

Future Progressive / Future Continuous

Bildung
will + be + present participle

work → will be working

Verwendung
Die **Verlaufsform** *future progressive* drückt aus, dass ein **Vorgang** in der Zukunft zu einem bestimmten Zeitpunkt **gerade ablaufen wird**.

Signalwörter: *this time next week / tomorrow, tomorrow* + Zeitangabe

This time tomorrow I will be sitting in a plane to London.
Morgen um diese Zeit werde ich gerade im Flugzeug nach London sitzen.

Future Perfect (Future II)

Bildung
will + have + past participle

go → will have gone

Verwendung
Das *future perfect* drückt aus, dass ein **Vorgang** in der Zukunft **abgeschlossen sein wird** (Vorzeitigkeit in der Zukunft).

Signalwörter: *by then, by* + Zeitangabe

By 5 p.m. tomorrow I will have arrived in London.
Morgen Nachmittag um fünf Uhr werde ich bereits in London angekommen sein.

11 Passiv – *Passive Voice*

Bildung
Form von *(to) be* in der entsprechenden Zeitform + *past participle*

The bridge was finished in 1894.
Die Brücke wurde 1894 fertiggestellt.

Bsp. für verschiedene Zeitformen:

• *simple present*	*Aktiv:*	Joe buys the milk.
	Passiv:	The milk is bought by Joe.
• *simple past*	*Aktiv:*	Joe bought the milk.
	Passiv:	The milk was bought by Joe.
• *present perfect*	*Aktiv:*	Joe has bought the milk.
	Passiv:	The milk has been bought by Joe.
• *past perfect*	*Aktiv:*	Joe had bought the milk.
	Passiv:	The milk had been bought by Joe.
• *will-future*	*Aktiv:*	Joe will buy the milk.
	Passiv:	The milk will be bought by Joe.

Aktiv → Passiv

- Das Objekt des Aktivsatzes wird zum Subjekt des Passivsatzes.
- Soll das Subjekt des Aktivsatzes im Passivsatz angegeben werden, wird es als *by-agent* angeschlossen.

Aktiv:	Joe *Subjekt*	buys	the milk. *Objekt*
Passiv:	The milk *Subjekt*	is bought	by Joe. *by-agent*

- Stehen im Aktiv **zwei Objekte**, lassen sich zwei verschiedene Passivsätze bilden. Ein Objekt wird zum Subjekt des Passivsatzes, das zweite bleibt Objekt.

  Beachte:
  Das indirekte Objekt muss im Passivsatz mit *to* angeschlossen werden.

Aktiv:	They *Subjekt*	gave	her *ind. Obj.*	a ball. *dir. Obj.*
Passiv:	She *Subjekt*	was given		a ball. *dir. Obj.*

oder:

Aktiv:	They *Subjekt*	gave	her *ind. Obj.*	a ball. *dir. Obj.*
Passiv:	A ball *Subjekt*	was given		to her. *ind. Obj.*

Passiv → Aktiv

- Der mit *by* angeschlossene Handelnde *(by-agent)* des Passivsatzes wird zum Subjekt des Aktivsatzes; *by* entfällt.
- Das Subjekt des Passivsatzes wird zum Objekt des Aktivsatzes.
- Fehlt im Passivsatz der *by-agent*, muss im Aktivsatz ein Handelnder als Subjekt ergänzt werden, z. B. *somebody, we, you, they.*

Passiv: The milk (*Subjekt*) is bought by Joe. (*by-agent*)

Aktiv: Joe (*Subjekt*) buys the milk. (*Objekt*)

Passiv: The match (*Subjekt*) was won.

Aktiv: They (*(ergänztes) Subjekt*) won the match. (*Objekt*)

Der Satz im Englischen

12 Wortstellung – *Word Order*

Im Aussagesatz gilt die Wortstellung **Subjekt** – **Prädikat** – **Objekt** *(**s**ubject – **v**erb – **o**bject):*

- Subjekt: Wer oder was tut etwas?
- Prädikat: Was wird getan?
- Objekt: Worauf / Auf wen bezieht sich die Tätigkeit?

Für die Position von Orts- und Zeitangaben vgl. S. G 4 f.

Cats catch mice.
Katzen fangen Mäuse.

13 Konditionalsätze – *Conditional Sentences*

Ein Konditionalsatz (Bedingungssatz) besteht aus zwei Teilen: einem Nebensatz *(if-clause)* und einem Hauptsatz *(main clause)*. Im ***if*-Satz** steht die **Bedingung** *(condition)*, unter der die im **Hauptsatz** genannte **Folge** eintritt. Man unterscheidet drei Arten von Konditionalsätzen:

Konditionalsatz Typ I

Bildung

- *if*-Satz (Bedingung): *simple present*
- Hauptsatz (Folge): *will-future*

If you read this book,
Wenn du dieses Buch liest,

you will learn a lot about music.
erfährst du eine Menge über Musik.

Der *if*-Satz kann auch nach dem Hauptsatz stehen. In diesem Fall entfällt das Komma:

- Hauptsatz: *will-future*

You will learn a lot about music
Du erfährst eine Menge über Musik,

- *if*-Satz: *simple present*

if you read this book.
wenn du dieses Buch liest.

Im Hauptsatz kann auch

- ein modales Hilfsverb (z. B. *can, must, may*) + Infinitiv

If you go to London, you must visit me.
Wenn du nach London fährst, musst du mich besuchen.

- sowie der Imperativ

stehen.

If it rains, take an umbrella.
Wenn es regnet, nimm einen Schirm mit.

Verwendung

Bedingungssätze vom Typ I verwendet man, wenn die **Bedingung erfüllbar** ist. Man gibt an, was unter bestimmten Bedingungen **geschieht** oder **geschehen kann**.

Konditionalsatz Typ II

Bildung

- *if*-Satz (Bedingung): *simple past*
- Hauptsatz (Folge): *conditional I* = *would* + Infinitiv

If I went to London,
Wenn ich nach London fahren würde,

I would visit the Tower.
würde ich mir den Tower ansehen.

Verwendung
Bedingungssätze vom Typ II verwendet man, wenn die **Bedingung nur theoretisch erfüllt** werden kann oder **nicht erfüllbar** ist.

Konditionalsatz Typ III

Bildung
- *if*-Satz (Bedingung): *past perfect*
- Hauptsatz (Folge): *conditional II = would + have + past participle*

If I had gone to London,
Wenn ich nach London gefahren wäre,

I would have visited the Tower of London.
hätte ich mir den Tower of London angesehen.

Verwendung
Bedingungssätze vom Typ III verwendet man, wenn sich die **Bedingung auf die Vergangenheit bezieht** und deshalb **nicht mehr erfüllbar** ist.

14 Relativsätze – *Relative Clauses*

Ein Relativsatz ist ein Nebensatz, der sich **auf eine Person oder Sache** des Hauptsatzes **bezieht** und diese **näher beschreibt**:
- Hauptsatz:
- Relativsatz:

The boy who looks like Jane is her brother.
Der Junge, der Jane ähnlich sieht, ist ihr Bruder.

The boy … is her brother.
… who looks like Jane …

Bildung
Haupt- und Nebensatz werden durch das Relativpronomen verbunden.
- ***who*** (Nominativ oder Akkusativ),

Peter, who lives in London, likes travelling.
Peter, der in London lebt, reist gerne.

whose (Genitiv) und	Sam, whose mother is an architect, is in my class. *Sam, dessen Mutter Architektin ist, geht in meine Klasse.*
whom (Akkusativ) beziehen sich auf **Personen**,	Anne, whom/who I like very much, is French. *Anne, die ich sehr mag, ist Französin.*
• ***which*** bezieht sich auf **Sachen**,	The film "Dark Moon", which we saw yesterday, was far too long. *Der Film „Dark Moon", den wir gestern sahen, war viel zu lang.*
• ***that*** kann sich auf **Sachen** und auf **Personen** beziehen und wird nur verwendet, wenn die **Information** im Relativsatz **notwendig** ist, um den ganzen Satz zu verstehen.	The film that we saw last week was much better. *Der Film, den wir letzte Woche sahen, war viel besser.*
Verwendung Mithilfe von Relativpronomen kann man **zwei Sätze miteinander verbinden**.	London is England's biggest city. London is very popular with tourists. *London ist Englands größte Stadt.* *London ist bei Touristen sehr beliebt.* London, which is England's biggest city, is very popular with tourists. *London, die größte Stadt Englands, ist bei Touristen sehr beliebt.*
Beachte: Man unterscheidet zwei Arten von Relativsätzen: • **Notwendige Relativsätze** *(defining relative clauses)* enthalten Informationen, die **für das Verständnis** des Satzes **erforderlich** sind.	The man who is wearing a red shirt is Mike. *Der Mann, der ein rotes Hemd trägt, ist Mike.*
Hier kann das Relativpronomen entfallen, wenn es Objekt ist; man spricht dann auch von *contact clauses*.	The book (that) I bought yesterday is thrilling. *Das Buch, das ich gestern gekauft habe, ist spannend.*

- **Nicht notwendige Relativsätze** *(non-defining relative clauses)* enthalten **zusätzliche Informationen** zum Bezugswort, die für das Verständnis des Satzes nicht unbedingt notwendig sind. Dieser Typ von Relativsatz wird **mit Komma** abgetrennt.

Sally**,** who went to a party yesterday**,** is very tired.
Sally, die gestern auf einer Party war, ist sehr müde.

15 Indirekte Rede – *Reported Speech*

Die indirekte Rede verwendet man, um **wiederzugeben, was ein anderer gesagt** oder **gefragt hat**.

Bildung
Um die indirekte Rede zu bilden, benötigt man ein **Einleitungsverb**.
Häufig verwendete Einleitungsverben sind:

to say, to tell, to add, to mention, to think, to ask, to want to know, to answer

In der indirekten Rede verändern sich die **Pronomen**, in bestimmten Fällen auch die **Zeiten** und die **Orts-** und **Zeitangaben**.

- Wie die Pronomen sich verändern, hängt vom jeweiligen **Kontext** ab.

direkte Rede	**indirekte Rede**
Bob says to Jenny: "I like you." *Bob sagt zu Jenny: „Ich mag dich."*	Jenny tells Liz: "Bob says that he likes me." *Jenny erzählt Liz: „Bob sagt, dass er mich mag."*
Aber:	Jenny tells Liz that Bob likes her. *Jenny erzählt Liz, dass Bob sie mag.*

- **Zeiten**:
  Keine Veränderung, wenn das Einleitungsverb
  im *simple present*, im Futur oder im *present perfect* steht:

direkte Rede	**indirekte Rede**
Bob says, "I love dancing." *Bob sagt: „Ich tanze sehr gerne."*	Bob says (that) he loves dancing. *Bob sagt, er tanze sehr gerne.*

Die Zeit der direkten Rede wird in der indirekten Rede normalerweise **um eine Zeitstufe zurückversetzt**, wenn das **Einleitungsverb** im ***past tense*** oder ***past perfect*** steht:	Bob said, "I love dancing." *Bob sagte: „Ich tanze sehr gerne."*	Bob said (that) he loved dancing. *Bob sagte, er tanze sehr gerne.*
simple present → *simple past*	Joe: "I like it."	Joe said he liked it.
simple past → *past perfect*	Joe: "I liked it."	Joe said he had liked it.
present perfect → *past perfect*	Joe: "I've liked it."	Joe said he had liked it.
will-future → *conditional I*	Joe: "I will like it."	Joe said he would like it.
• **Zeitangaben** verändern sich, wenn der Bericht zu einem späteren Zeitpunkt erfolgt, z. B.:	now → today → yesterday → tomorrow →	then, at that time that day, yesterday the day before the following day
• Welche **Ortsangabe** verwendet wird, hängt davon ab, wo sich der Sprecher im Moment befindet.	here →	here *[noch am selben Ort]*/there *[anderer Ort]*

Bildung der indirekten Frage Häufige Einleitungsverben für die indirekte Frage sind:	to ask, to want to know, to wonder	
• **Fragewörter** bleiben in der indirekten Rede **erhalten**. Die **Umschreibung** mit *do/does/did* **entfällt** in der indirekten Frage.	Tom: "When did they arrive?" *Tom: „Wann sind sie angekommen?"*	Tom asked when they had arrived. *Tom fragte, wann sie angekommen seien.*
• Enthält die direkte Frage **kein Fragewort**, wird die indirekte Frage mit ***whether*** oder ***if*** eingeleitet:	Tom: "Are they staying at the hotel?" *Tom: „Übernachten sie im Hotel?"*	Tom asked if/whether they were staying at the hotel. *Tom fragte, ob sie im Hotel übernachten.*

Befehle/Aufforderungen in der indirekten Rede Häufige Einleitungsverben sind:	to tell, to order, to ask	
In der indirekten Rede steht hier **Einleitungsverb + Objekt + *(not) to* + Infinitiv**.	Tom: "Leave the room." *Tom: „Verlass den Raum."*	Tom told me to leave the room. *Tom forderte mich auf, den Raum zu verlassen.*

Anhang

16 Liste wichtiger unregelmäßiger Verben – *List of Irregular Verbs*

Infinitive	Simple Past	Past Participle	*Deutsch*
be	was/were	been	*sein*
begin	began	begun	*beginnen*
blow	blew	blown	*wehen, blasen*
break	broke	broken	*brechen*
bring	brought	brought	*bringen*
build	built	built	*bauen*
buy	bought	bought	*kaufen*
catch	caught	caught	*fangen*
choose	chose	chosen	*wählen*
come	came	come	*kommen*
cut	cut	cut	*schneiden*
do	did	done	*tun*
draw	drew	drawn	*zeichnen*
drink	drank	drunk	*trinken*
drive	drove	driven	*fahren*
eat	ate	eaten	*essen*
fall	fell	fallen	*fallen*
feed	fed	fed	*füttern*
feel	felt	felt	*fühlen*
find	found	found	*finden*
fly	flew	flown	*fliegen*
get	got	got	*bekommen*
give	gave	given	*geben*
go	went	gone	*gehen*
grow	grew	grown	*wachsen*
hang	hung	hung	*hängen*
have	had	had	*haben*
hear	heard	heard	*hören*
hit	hit	hit	*schlagen*
hold	held	held	*halten*
keep	kept	kept	*halten*
know	knew	known	*wissen*

Infinitive	**Simple Past**	**Past Participle**	***Deutsch***
lay	laid	laid	*legen*
leave	left	left	*verlassen*
let	let	let	*lassen*
lie	lay	lain	*liegen*
lose	lost	lost	*verlieren*
make	made	made	*machen*
meet	met	met	*treffen*
pay	paid	paid	*bezahlen*
put	put	put	*stellen/setzen*
read	read	read	*lesen*
ring	rang	rung	*läuten/anrufen*
run	ran	run	*rennen*
say	said	said	*sagen*
see	saw	seen	*sehen*
send	sent	sent	*schicken*
show	showed	shown	*zeigen*
sing	sang	sung	*singen*
sit	sat	sat	*sitzen*
sleep	slept	slept	*schlafen*
smell	smelled/smelt	smelled/smelt	*riechen*
speak	spoke	spoken	*sprechen*
spend	spent	spent	*ausgeben/ verbringen*
stand	stood	stood	*stehen*
steal	stole	stolen	*stehlen*
swim	swam	swum	*schwimmen*
take	took	taken	*nehmen*
teach	taught	taught	*lehren*
tell	told	told	*erzählen*
think	thought	thought	*denken*
throw	threw	thrown	*werfen*
wake	woke	woken	*aufwachen*
wear	wore	worn	*tragen*
win	won	won	*gewinnen*
write	wrote	written	*schreiben*

Schriftliche Prüfung zum MSA und zur eBBR in Berlin/Brandenburg
Englisch 2016

Listening Part 1: Short Messages

- You are going to hear two short messages.
- You will hear the recording twice.
- There are four questions in this part, two questions for each message.
- Look at the pictures and then listen to the recording.
- Choose the correct picture and put a tick (✓) in the right box.

Message One

1. What kind of job is Jakob interested in?

A ☐

B ☐

C ☐

D ☐

2. At what time can Jakob come for the interview?

A ☐	B ☐	C ☐	D ☐

Message Two

3. What are you NOT allowed to bring inside the museum?

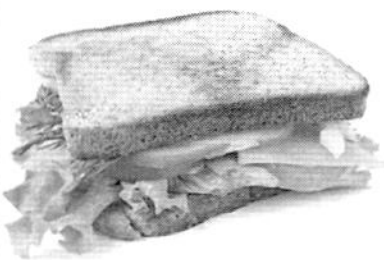			
A ☐	B ☐	C ☐	D ☐

4. Which part of the museum is NOT open to the public?

A ☐	B ☐

C ☐	D ☐

Listening Part 2: Radio Ads

Please note: You do not need to understand every word to do this task.

- You are going to hear four radio ads.
- You will hear the recording twice.
- Read the slogans below first, then listen to the recording.
- For each ad choose the correct slogan from the list (A–F) and put a tick (✓) in the right box.
- There is only one correct slogan for each ad.
- Two slogans can't be matched.

A Read a book – find your way to someone's heart
B Switch off the light – save energy
C Follow these rules – keep your home safe
D A healthy life – it only takes a few steps
E Exercise right – see your doctor first
F Turn it off – spend time with your loved ones

		Slogan					
	Radio Ads	**A**	**B**	**C**	**D**	**E**	**F**
5.	Radio Ad 1						
6.	Radio Ad 2						
*7.	Radio Ad 3						
8.	Radio Ad 4						

Listening Part 3: Schools Around the World

- You are going to hear three reports about different schools.
- You will hear the recording twice.
- Complete the table below. Use 1 to 5 words or numbers for each answer.

	Country	Age of students	Likes (Name one)	Dislikes (Name one)
Class Afloat 		9.	✶ 10.	11.
Summerhill School 	12.	*5–18*	13.	✶ 14.
Padamu Education Centre 	15.	*6–10*	16.	17.

Listening Part 4: Hotel Mom and Dad

- You are going to hear a radio show.
- There are four people in the show: Sally Jessy Raphael (the host), Sam Maynard, Maria Maynard and Andrew Chan.
- You will hear the recording twice.
- Read the statements below first, then listen to the recording.
- Put a tick (✓) in the box next to the correct statement.
- Only one statement is correct in each case.

18. Maria Maynard wanted her children …
    A ☐ to stay at home until they got married.
    B ☐ to move out as soon as they became adults.
    C ☐ to finish school before moving out.

19. Sam moved back home because …
    A ☐ he was waiting for a place at college.
    B ☐ his girlfriend liked the comfort of his family home.
    C ☐ he did not want to spend so much on living costs.

20. According to Andrew Chan, a consequence of young adults living with their parents is that …
    A ☐ they get lazy and depressed.
    B ☐ they do not develop important financial skills.
    C ☐ they become socially isolated.

* 21. Sam's parents …
    A ☐ pay some of his regular bills.
    B ☐ have bought him a new car.
    C ☐ pay his college fees.

* 22. What is Andrew Chan's advice to parents?
    A ☐ Save money for your children's future.
    B ☐ Set up rules about money matters.
    C ☐ Always keep an eye on your children's spendings.

✶ 23. Why might grown children be a problem for their parents?

A ☐ Parents might develop serious health problems.

B ☐ Parents' relationships might suffer.

C ☐ Parents might face financial problems in the future.

✶ 24. How does Maria feel about her son still living at home?

A ☐ She wants him to move out as soon as possible because she needs his room.

B ☐ She feels that her freedom in her own house is limited.

C ☐ She does not mind having him around the house as long as he takes his studies seriously.

✶ 25. Which statement sums up this part of the talk show best?

A ☐ Boomerang kids are a product of overprotective parents.

B ☐ Boomerang kids have problems growing up.

C ☐ Boomerang kids have a close relationship with their parents.

Listening: Candidate Answer Sheet   Name: ____________________

For students: Put a tick (✓) in the correct box.

Part 1: Short Messages

Number	A	B	C	D
1				
2				
3				
4				

/ 4 P

Part 2: Radio Ads

		Slogan					
Number	Radio Ads	A	B	C	D	E	F
5	Radio Ad 1						
6	Radio Ad 2						
*7	Radio Ad 3						
8	Radio Ad 4						

/ 4 P

Part 3: Schools Around the World

Die Ergebnisse müssen nicht übertragen werden (***10 und *14**).

/ 9 P

Part 4: Hotel Mom and Dad

Number	A	B	C
18			
19			
20			
*21			
*22			
*23			
*24			
*25			

/ 8 P

/ 25 P

Reading Part 1: Apps

- These people (a–e) want to download some useful apps onto their phones.
- First read the information about the people, then look at the descriptions of the apps (A–G) on pages 10 and 11.
- In each case (a–e) find the **two** apps the people would download. Write the letters of the apps in the boxes next to the people's names.
- Some of the apps can be chosen more than once.

No.	App 1	App 2	The people	
1/2				a) **Jamal** has seen better days. Over the past three months he has gained a few kilos and he has performed pretty badly at school. But now he wants to change that. What he needs is a cool running app that keeps him away from the couch and one that helps him remember to do his homework.
3/4				b) **Afifa** trains the youth team of her soccer club. They are good but they don't score. So, she is looking for an app that would help her to analyze goal kicks. On the weekends she loves to go to concerts with her friends. If an app could only tell her beforehand where they all plan to go.
5/6				c) **Grace** is a festival addict who always wants to be the first to get the tickets. If there is an app she needs, it is one that makes buying and selling tickets as easy as pie. But she would also feel more comfortable at these festivals with an app that can notify her closest friends or family if necessary.

7/8				d) **Ryan** has to take a 30-minute train ride to school. Instead of staring out of the window he would like to listen to news stories or blogs but this app has not been designed yet, or has it? Especially in the evening he has already experienced some dangerous situations on the train. Some friends could easily help him out if he could contact them somehow.
9/10				e) **Charlotte** has just moved into town from Berlin, Germany. She needs to work on her English a little. An app that explains music clips or talk shows would be great for her. Listening to some authentic speakers who read the news in an app would be a perfect exercise, too. Here she could see how much she already understands.

A) Are you one of the people who never really have the time to sit down and read the newspaper or a blog? This might be the app for you. Listen to an ever growing catalogue of articles from the world's best publishers and bloggers narrated by professional voice-actors. Whether commuting, working out at the gym, or cooking at home, let this app accompany you and enrich your day. This app is perfect for you if you like podcasts, listen to audio books or prefer to consume other audio content on the go.

B) This is a video app for serious athletes who want to improve their performance in sports. Record and analyze amazing HD videos and instantly review them in slow motion. Create and share coaching videos that help you train smarter and see results faster. Record your players and instantly show them how to improve, right on the field. Analyze your golf swing, easily break down a volleyball serve, improve soccer skills, or even demonstrate proper weightlifting. Every coach, parent and athlete needs this app.

C) With this app you will run like never before. If you find it hard to work up the motivation to exercise, try being chased by a rampaging zombie horde. Using either pedometer step tracking or (less accurate) GPS, this app makes a game out of exercising with a storyline played over your headphones. Each "episode" can be infused with songs from your personal playlist. As you run, you'll find items and earn points which can be used to upgrade your base and, just maybe, help humanity survive the zombie apocalypse.

D) Discover popular local events, get event recommendations just for you, and see which events your friends are going to! Get tickets and quickly access all of your tickets and event information from your phone. Find something new to do – concerts, festivals, classes, conferences, free events and more – right in the palm of your hand. This app enables anyone to create, promote, and sell tickets to any event imaginable, while also helping people discover and share events that match their passions – whether it's a neighborhood block party or a sold-out concert.

E) This app does not do your school work for you. Instead, it allows you to stay organized and on top of your assignments through a handy calendar function that allows you to enter class times, homework assignments and study sessions. The app also lets you set reminders so you never forget what assignments and reading you need to complete. For example, if you have a class on Tuesday and need to read two chapters of your textbook by Monday night, the app will send you a reminder on the day of your choosing so you can stay ahead of the game.

F) This unique app is for those situations when you need to quickly and discreetly get help from your friends or family. Two quick taps sends one of three pre-written text messages to as many as six of your contacts. One message sends your GPS location and a request to be picked up, while another asks your friends to quickly get in touch with you. With this app you have a new way to connect with your most trusted friends – to stay close, stay safe and prevent violence before it happens!

G) This app takes real-world videos and turns them into English learning experiences. You'll learn English as it's spoken in real life.
Browse through the huge database of the app and find the latest music videos, popular talk shows, news, inspiring talks and funny commercials. This app makes it really easy to watch English videos. There are captions that are interactive. That means you can tap on any word to see an image, definition, and useful examples. Learning by watching has never been so easy.

Reading Part 2: Short Texts

- Look at the text and the statements in each task.
- What does the text say?
- Put a tick (✓) next to the statement that matches the text – **A**, **B**, **C** or **D**.
- There is only one correct statement for each sign.

*11.

Monday, March 9, 2016 **METRO**

To the gorgeous conductor on the Arriva Trains Wales Aberystwyth service, Polly, you brighten my day with your smile. Next time you check my ticket we should swap numbers.

What does the writer want?

A ☐ to go to Wales

B ☐ to improve the train service

C ☐ to return a lost ticket

D ☐ to get to know somebody

12.

A ☐ Win a basketball season ticket.

B ☐ The latest book about the Chicago Bulls is available now.

C ☐ Get a library card just like Luol Deng.

D ☐ The Chicago Bulls will be giving autographs in the library.

13.

This sign tells people how to prevent …

A ☐ getting drunk.
B ☐ a fire.
C ☐ a car accident.
D ☐ drug addiction.

14.

A ☐ Get moving!
B ☐ Take your daily vitamins!
C ☐ Register for the local marathon!
D ☐ See your doctor regularly!

15.

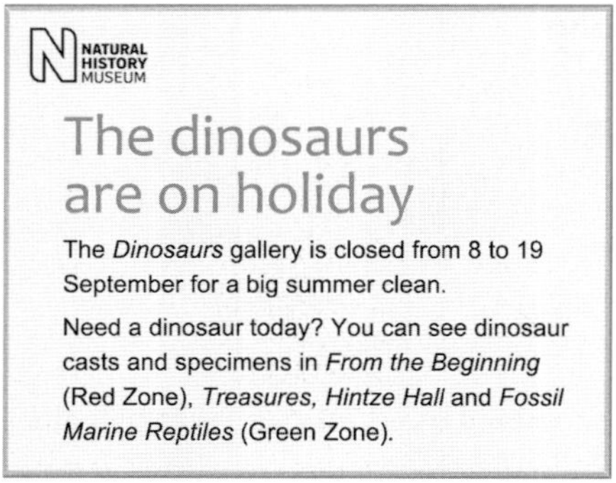

You cannot visit the Dinosaurs gallery because …

A ☐ it is being cleaned.

B ☐ it is closed during the summer holidays.

C ☐ it is under construction.

D ☐ it has been moved to another museum.

16.

A ☐ You may put out your waste the night before collection.

B ☐ Use the rubbish bags that the city council provides for you.

C ☐ Both rubbish and recyclables will be collected on the same day.

D ☐ Rubbish will be collected on 5 days a week.

Reading Part 3: Distracted Walking

- Read the text and the statements on pages 17 and 18.
- Put a tick (✓) in the box next to the correct answer.
- Only one answer is correct in each case.

WASHINGTON (AP) – A young man talking on a cellphone wanders along the edge of a lonely train platform at night. Suddenly he stumbles, loses his balance and falls over the side, landing head first on the tracks. Fortunately there were no trains approaching the Philadelphia-area station at that moment, because it took the man several minutes to recover enough to climb out of danger. But the incident shows the risks of what government officials and safety experts say is a growing problem: distracted walking.

On city streets, in suburban parking lots and in shopping centers, there is usually someone walking while talking on a phone, texting with his head down, listening to music, or playing a video game. The problem isn't as widely discussed as distracted driving, but the danger is real. State and local officials are struggling to figure out how to respond, and in some cases asking how far government should go in trying to protect people from themselves.

In Delaware, highway safety officials opted for a public education campaign, placing signs on crosswalks and sidewalks at busy intersections urging pedestrians to "Look up. Drivers aren't always looking out for you."

As an April Fool's Day joke with a serious message, Philadelphia officials taped off an "e-lane" for distracted pedestrians on a sidewalk outside downtown office buildings. Some didn't get that it was a joke. "The sad part is we had people who, once they realized we were going to take the e-lane away, got mad because they thought it was really helpful to not have people get in their way while they were walking and texting," an official said.

The Utah Transit Authority adopted a regulation forbidding pedestrians from using cellphones, headphones or other distracting electronic devices while crossing the tracks of its rail system on the streets of Salt Lake City. Offenders have to pay a $50 fine. "It sounds very ridiculous," said Tia Little, a pedestrian in downtown Washington. "I mean, it's our phone. We should be able to use it and walk and talk if we choose to, walk and text or whatever."

The Southeastern Pennsylvania Transportation Authority has received reports from bus drivers and train engineers who say they nearly hit pedestrians who didn't appear to hear them sound their horns because they were distracted by their electronic devices, said Jim Fox, the agency's director of system safety and risk management.

The Internet is full of such stories: a woman texting while she walked through a suburban Philadelphia shopping mall this year tumbled into a large fountain directly in front of her and got soaking wet. A security camera video of the incident went viral, generating millions of hits.

Researchers say they're not surprised that multi-tasking pedestrians run into trouble. Psychological studies show that most people can't focus on two things at once. Instead, their attention shifts rapidly back and forth between tasks, and neither task is done well. But like a lot of drivers who use cellphones behind the wheel, pedestrians often think they're in control and that it's all the other fools on their phones who aren't watching what they're doing. "I see students as soon as they break from a class, they have their cellphones out and they're texting to one another. They're walking through the door and bumping into one another," said Jack Nasar, an Ohio State University professor and expert on environmental psychology. "People think they can do it, that they are somehow better." A study Nasar carried out on campus found that people talking on cellphones were significantly more likely to walk in front of cars than pedestrians not using phones. In 2010, 1,500 pedestrians were treated in emergency rooms for cellphone-related incidents.

A study by researchers at Stony Brook University in New York compared the performance of people who were asked to walk across a room to a target – a piece of paper taped to the floor – without distractions and then again next day while talking on a cellphone or texting. The group that talked on the cellphone walked slightly slower and went off course a bit more than before, but the texting group walked slower, went off course 61 percent more and overshot the target 13 percent more. "People really need to be aware that they are impacting their safety by texting or talking on the cellphone" while walking, Eric Lamberg, a physical therapy professor, said. "I think the risk is there."

Joan Lowy/The Associated Press: Pedestrians distracted by electronic devices stumble into danger, raising safety concerns. In: Huffington Post, *07/30/2012. Used with permission of The Associated*

17. What happened to the man at the railway station?
A ☐ He took the wrong train.
B ☐ He did not have a valid ticket.
C ☐ He had an accident on the platform.
D ☐ He lost his wallet.

∗ 18. "Distracted walking" is walking …
A ☐ on railway tracks.
B ☐ while using electronic devices.
C ☐ while talking to another pedestrian.
D ☐ both A + C

∗ 19. To make people watch out for the traffic, the city council of Delaware …
A ☐ put up warnings on the side of the road.
B ☐ forbade the use of cellphones on busy streets.
C ☐ started an online safety campaign.
D ☐ installed more traffic lights.

∗ 20. The "e-lane" in Philadelphia …
A ☐ was not meant to be permanent.
B ☐ was welcomed by some people.
C ☐ caused more accidents.
D ☐ both A + B

∗ 21. In Salt Lake City people are not allowed to use electronic devices …
A ☐ in pedestrian areas.
B ☐ in public buildings.
C ☐ when walking across tram rails.
D ☐ when driving.

∗ 22. Which incident is mentioned in ll. 29–37?
A ☐ Someone bumped into a lamppost.
B ☐ Someone fell down the stairs.
C ☐ Someone fell into water.
D ☐ Someone tripped over a suitcase.

* 23. What is said about “multitasking”?

A ☐ Women are better at it than men.

B ☐ People believe they themselves can do it better than others.

C ☐ It trains people’s ability to concentrate.

D ☐ It is a new course at Ohio State University.

* 24. What did the experiment at Stony Brook University show?

A ☐ While walking, texting is more dangerous than talking on the phone.

B ☐ Texting while walking causes more accidents than texting while driving.

C ☐ The more you practice texting while walking, the better you get.

D ☐ all of them (A + B + C)

* 25. What could be the best alternative title for this article?

A ☐ Devices down – heads up!

B ☐ Ban distracted walking!

C ☐ You drive, you text, you pay!

D ☐ Freedom for phone users!

Reading: Candidate Answer Sheet **Name:** ______________________

For students: Put a tick (✓) in the correct box.

Part 1: Apps

Number	Name	A	B	C	D	E	F	G
1/2	a) Jamal							
3/4	b) Afifa							
5/6	c) Grace							
7/8	d) Ryan							
9/10	e) Charlotte							

/ 10 P

Part 2: Short Texts

Number	A	B	C	D
*11				
12				
13				
14				
15				
16				

/ 6 P

Part 3: Distracted Walking

Number	A	B	C	D
17				
*18				
*19				
*20				
*21				
*22				
*23				
*24				
*25				

/ 9 P

/ 25 P

Writing Part 1: Rent a Bed

- Complete the questionnaire below.
- Write keywords or short sentences.
- You may use your imagination.

Rent a Bed

We are looking for people who offer young visitors from all over the world a place to sleep in their home. Please fill out this questionnaire.

Age ______ City/Town ______

(1) **Where would the visitor sleep?**

(2) **Who lives with you?**

(3) **Name two important rules in your home.**

(4) **What is nice about the area you live in?**

(5) **What should the visitor bring?**

SEND HOME

/ 5 P

Writing Part 2: Trip to Berlin

- Read what the blogger has written.
- Then write back, answering all of his questions.
- Write a minimum of 100 words.

Home *Welcome to our site* | **Services** *What we do* | **Blog** *Read our stories* | **Contact** *Get in touch* | epinion

Blog ❯ **Public topics** ❯

Trip to Berlin

Name: City Hopper

Hey Berliners,

I am planning on travelling to your city this summer. I've always wanted to see it. It is pretty big, right? Maybe you can help me find a nice area where I can stay.

Tell me about the part of the city where you live. How would you describe it? What do you like about it? But I want to know everything. So tell me: what do you dislike about it? Of course, I would like to know more – how do you feel about living in Germany?

Inhalt: / 6 P Sprache: / 6 P Gesamt: / 12 P

Grace Risch: Sängerin aus Berlin

Die Berliner Sängerin Grace Risch mit nigerianischen Wurzeln hat kürzlich ihre erste Single „Kleine Welt" veröffentlicht. Darin singt die 32-Jährige zu einer Mischung aus Drum 'n' Bass und Synthesizerbeat; in ihren Texten wirbt sie dafür, sich auf eine Sache zu konzentrieren und sich nicht in der Vielfalt des Lebens zu verlaufen.

Mit dem Singen ging es schon früh bei ihr los, erzählt sie. Bevor sie sprechen konnte, summte sie bereits die großen Hits von Michael Jackson mit, die auf dem Plattenspieler ihrer Eltern endlos ihre Runden drehten.

Dass Grace Risch auf Deutsch singt, entwickelte sich erst mit der Zeit. Anfangs hatte sie das Gefühl, die deutsche Sprache würde nicht zu ihrer Musik passen. Also sang sie auf Englisch. Inzwischen findet sie im Deutschen die passenden Worte für ihre Musik. Die Ideen für ihre Lieder kommen ihr in der Straßenbahn, beim Radeln durch Berlin oder auch beim Cappuccinotrinken im „Café Kirsche".

Zu den kleinen Projekten, die sie sonst so ausprobiert, gehört neben dem Modeln seit Kurzem auch das Schauspielern. „Ich hatte überhaupt keine Erfahrungen im Schauspiel, aber es war spannend." Außerdem könnte sie sich aber auch vorstellen, irgendwann mal ein eigenes Café oder Restaurant zu betreiben. „Man muss immer gucken, wo man gerade steht", sagt sie und bestellt sich noch einen Cappuccino. „Im Moment ist mir meine Musik am wichtigsten, aber vielleicht ändert sich das auch noch mal."

Quelle: *Der Tagesspiegel*. 18. 11. 2014

Lennart Wronkowitz: Modedesigner* mit 16

Er muss weg aus der Provinz, das weiß Lennart Wronkowitz, 16. Er muss seine Heimat verlassen, sonst kann er seinen Traum vergessen. Und sein Traum ist schon ziemlich konkret, Lennart arbeitet bereits daran, ihn zu verwirklichen: Der Gymnasiast aus Soest will als Modedesigner international Karriere machen. „Deshalb muss ich auf lange Sicht auch weg von hier", sagt Lennart, „cool angezogene Leute findet man in Soest nämlich eher nicht." Lennart selbst kleidet sich allerdings überaus ausgefallen. Mit seinen Eigenkreationen fällt der Jung-Designer auf.

Im Alter von 14 Jahren erwachte bei Lennart das Interesse für Design – und er begann, sich Dinge selbst beizubringen: „Ich habe aus Modekatalogen abgezeichnet, und das Nähen habe ich mit Hilfe meiner Mutter, die eine Schneiderlehre gemacht hat, gelernt." Dann gründete er sein eigenes Label und vertreibt seitdem seine Mode im Internet.

Darüber hinaus steht nun die Veröffentlichung seiner dritten Kollektion kurz bevor. Sicher dürfte sein, dass die Stücke der neuen Kollektion alle seine Handschrift tragen: ein gewagter Stil für Menschen, die sich etwas trauen; jugendliche Partymode, die auffällt und alltagstauglich ist.

Für seinen Traum überlegt Lennart, kurz vor dem Abi die Schule zu schmeißen und auf eine Design-Schule zu wechseln. Sein Ziel: den Modeolymp zu erklimmen. „Es wäre schon geil, wenn ich es nach New York schaffen würde", sagt er. Mangelndes Selbstbewusstsein ist eher nicht sein Problem. Und gleichzeitig wirkt Lennart keineswegs abgehoben, sondern bodenständig und erwachsen.

**Modedesigner = fashion designer*

Quelle: Latterner, Sabine. ddp/otr. *SPIEGEL ONLINE*. 26. 03. 2010

✶ Writing Part 3: Mediation – Young Careers

Your class is taking part in a European project called "Young Careers" and you have to write a text in English about a young German's professional development.

- Read the two articles.
- Choose **one** article.
- Say what the person does and mention at least four **important** aspects of their professional development.
- **Do not translate word for word**, just give the main information.
- Write complete sentences.

Inhalt:	/4 P	Sprache:	/4 P	Gesamt:	/8 P

Lösungsvorschläge

Listening Part 1: Short Messages

Message One

Hello, this is Orla Devlin speaking. I am the personnel manager of the Metropolitan Hotel in Dublin. This is a message for Jakob Heinemann. You have applied for a job as a cook. We would like to invite you for a job interview next Monday. The interview will be here at our hotel in Parnell Street. By the way, if you arrive by plane, our driver can pick you up from the airport. We can offer you either 9 a.m. or 10.30 a.m. for the interview. Please let us know which time is best for you. You can call between 3 and 5 p.m. any afternoon this week. Just ask for Orla Devlin and the receptionist will connect you to my office. Please bring your health certificate to the interview. It's necessary for kitchen staff. Thank you and goodbye.

1. C
   Hinweis: *"You have applied for a job as a cook." (Z. 2/3)*

2. B
   Hinweis: *"We can offer you either 9 a.m. or 10.30 a.m. for the interview." (Z. 5/6)*

Message Two

Hello and welcome to the Natural History Museum. To make your visit more enjoyable please note the following:
Your bags and other personal items will be inspected. Sharp objects such as knives, forks or scissors will be taken from you. Coats and bags can be left in the cloakrooms in the Central Hall next to the café. In the café you can enjoy a great variety of tasty sandwiches, salads and cakes. If you prefer to bring your own food, please visit the Picnic Area on the ground floor for seating and tables. You may take photographs and record videos for personal use in the museum. Our museum collections cover many kinds of animals and plants from all around the world. How about celebrating summer with beautiful butterflies in our popular outdoor Butterfly House? Please note that the Dinosaurs Gallery will be closed for maintenance work until the end of May. Dinosaur toys and souvenirs are still available in our museum's shop next to the main entrance. Enjoy your stay.

3. D
   Hinweis: *"Sharp objects such as knives, forks or scissors will be taken from you." (Z. 3/4)*

4. B

Hinweis: *"Please note that the Dinosaurs Gallery will be closed for maintenance work until the end of May." (Z. 11/12)*

Listening Part 2: Radio Ads

Ad 1: Walk

(sounds of footsteps, birds chirping …)

FEMALE: Take a moment, and see if you can guess what I'm doing … I'm getting healthy by walking. Walking daily has tons of health benefits: managing weight, lowering cholesterol and blood pressure, and improving your overall mood. So, whether it's around your neighborhood *(sound of horn honking)* or over your lunch break, just take a walk.
For your free booklet, visit wrinstitute.org or call toll-free 877-957-7575, and find us on facebook and twitter. The Will Rogers Institute – since 1936.

5. D

Hinweis: *"I'm getting healthy by walking. Walking daily has tons of health benefits …" (Z. 1/2)*

Ad 2: Discover the Forest – Busy Family

MOM: So, Jaclyn.
GIRL: Yes Mom …
MOM: I wanted to talk to you about *(BUZZ)* something and … oh wait *(BUZZ)* hold on I just got a text. Oh, there's another one! Wow, busy, busy me! So anyway …
GIRL: *(DING)* Oh wait, Mom, I just got a message *(DING)*. My friends keep commenting on my comment *(DING)*. Oh there's another one! Soooo many comments on my comment!
DAD: Oh I can't wait to watch TV tonight. Playoffffffffffs! *(TV SOUNDS)*
BOY: Hey guys, check out my new video game! Broom boop booom *(VIDEO GAME SOUNDS)*
(All sounds now overlapping, then simultaneously)
GIRL: Wait mom what?
DAD: What hold on …
BOY: Wait a sec, what?
ANNOUNCER: This weekend … *(suddenly, all sounds stop)* Un … plug. *(MUSIC UP)* Take your family to the forest. *(FOREST NOISES)* There's nothing in the world like experiencing nature first hand. Trees, paths, blue

birds, streams. Getting closer to nature can get you closer to your family. To find the forest nearest you, go to discovertheforest.org. Brought to you by the US Forest Service and the Ad Council.

6. F

__Hinweis:__ "Un … plug. … Take your family to the forest." (Z. 16/17)

Ad 3: Dating Library

MALE: Hey, Rob. Where were you the other day?
ROB: I was at the library.
FEMALE: That's hot.
MALE: No, really, where were you?
ROB: I just told you – the Barrie Public Library.
MALE: Why?
ROB: Girls like guys who can read. It's … intelligent and stuff.
FEMALE: You're so dreamy.
MALE: Really?
ROB: Yeah, watch this … Hey, Tina! A rose by any other name would smell as sweet.
FEMALE (II): That's sooo romantic.
ROB: Ha, ha, yeah!
FEMALE (III): This dating tip brought to you by the Teen Advisory Board of the Barrie Public Library – enriching your community and social life.

* 7. A

__Hinweis:__ "Girls like guys who can read." (Z. 7); "This dating tip brought to you by the Teen Advisory Board of the Barrie Public Library – enriching your community and social life." (Z. 14/15)

Ad 4: Burglary

FEMALE: There are lots of precautions you can take to stop a burglar breaking in. Listen to the following until you feel reassured. He looks to see if anyone's home. If you always leave a light on, you can stop listening now. He walks up the path. If you have installed a security light, you can stop listening now. He stands by your front door. If you always lock it, you can stop listening now. Without these precautions, a burglar can now enter your home. If you're still listening, maybe it's time to start acting. Most burglaries are preventable. For more information on how to secure your home, go to metbumblebee.org. Here for London. The Metropolitan Police Service.

http://content.met.police.uk/Campaign/bumblebeecampaign2012. Metropolitan Police Service

8. C

   Hinweis: *"There are lots of precautions you can take to stop a burglar breaking in." (Z. 1); "Without these precautions, a burglar can now enter your home." (Z. 6)*

Listening Part 3: Schools Around the World

(Class Afloat)

Can you imagine living only 15 meters away from your classroom, right next to your classmates and your teachers for 10 months? No? Then you will probably miss the experience of a lifetime. *Class Afloat* is a sailing classroom for students between 16 and 17 years of age. Over the course of a school year your ship will sail to four continents and visit 20 different ports around the world. This is your chance to see other landscapes and learn about other cultures not from books but by really visiting them. Students taking part love things like diving in the Caribbean, visiting temples in Greece and Turkey and climbing sand dunes in the Sahara. These activities are part of everyday life on board. But it's not just fun and games. There are also unpleasant tasks like cleaning the deck or going on night watch. And don't forget the extreme weather conditions at sea – high winds and huge waves. Many students have problems with that. Still, one year aboard *Class Afloat* is an unforgettable experience for everybody.

Based on: http://www.classafloat.com/section/about-class-afloat/about-class-afloat, 26. 03. 2014

(Summerhill School)

"If you don't want to go to classes, you don't have to." This is not what your friends tell you at Summerhill School but what the teachers say. Summerhill School in the East of England is home to about 80 students aged 5 to 18, who live on the school grounds during the school term. This school is popular because it offers almost total freedom. Students and teachers have the same rights and make their school rules together. There is only one rule everybody has to follow: Do what you like as long as you don't harm anyone else. You might think this school will never work if students don't <u>have</u> to do anything. The secret is: Students get bored if they stay away from classes for too long. So pretty soon they realize that going to classes can be fun. This sounds great but of course, there are also negative aspects. One that is often pointed out is that teachers don't plan lessons carefully. But this is something the students accept for the freedom they have.

Based on: http://en.wikipedia.org/wiki/Summerhill_School, 26. 03. 2014

(Padamu Education Centre)

In Europe pupils often see school as a necessary evil. But there are countries in which having the chance to go to school is the only way to escape extreme poverty. One of these schools is The Padamu Residential Education Centre School in a distant mountain region in Bangladesh. About seventy students aged 6–10 live and learn in this boarding school. They come from the villages around the school, but also from far-away places because it's the only school far and wide. Most of these students enjoy going to school simply because they can learn there. But that's not the only thing they love about Padamu. A lot of students are glad to get a free meal every day, others are grateful for free school materials and books. Even if this sounds very good, some students, especially the younger ones, get homesick because they don't often see their parents. But they know – it's only for their own good.

Based on: http://www.takepart.com/article/2011/04/18/jungles-bangladesh-halls-harvard, 26. 03. 2014

9. 16/17 (years) (Z. 4)

* 10. diving (in the Caribbean) (Z. 7/8)/visiting temples (Z. 8)/climbing sand dunes (Z. 8)/seeing other landscapes (Z. 6)/learning about other cultures (Z. 6)/visiting other countries/continents (Z. 4–7)

11. cleaning the deck (Z. 10)/(going on) night watch (Z. 10/11)/bad weather conditions (Z. 11)/(high) winds (Z. 11)/(huge) waves (Z. 12)

12. (East of) England (Z. 3)

13. going to classes (Z. 10)/(total) freedom (Z. 5)/same rights (Z. 5)/make rules together (Z. 6)

* 14. teachers don't plan (lessons/carefully) (Z. 11/12)

15. Bangladesh (Z. 4)

16. (they) can learn there (Z. 7/8)/free meal(s) (Z. 9)/free (school) materials (Z. 9)/free books (Z. 9/10)

17. (some students/younger ones) (get) homesick (Z. 10/11)/don't often see parents (Z. 11)

Listening Part 4: Hotel Mom and Dad

HOST: Good morning and welcome to *Focus on the Family,* a daily discussion about family-related topics with me, your host, Sally Jessy Raphael. Today we'll be talking about grown children who are still living at their parents' homes. Most young adults want to leave home as soon as they can. But for some, that seems to be a difficult move to make.

With me here are Sam Maynard, a 24-year-old college student at the University of San Diego, …

SAM: Hi, there.

HOST: … his mom, Maria Maynard, owner of the Cucina Urbana restaurant, …

MARIA: Good morning.

HOST: … and financial advisor Andrew Chan who has a blog for parents.

CHAN: Thanks for having me.

HOST: Home, sweet home – of all the places in the world, there's no place like home. Maria, what role does the home play in your family's life?

MARIA: My parents were from Italy, and my father was a real mama's boy. He continued to enjoy the luxuries of "Hotel Mama" until he was about 32. What, with his *Mamma* feeding him all that delicious Italian pasta, who could blame him? But this is America. As my children were growing up, I liked to warn them, half jokingly, "Checkout time at this hotel is age 18," I would tell them.

SAM: Yeah, I remember you telling us, but it hasn't worked out that way. You see, a year ago, I asked Mom if I could move back home – with my girlfriend in tow. We wanted to save money when attending college.

MARIA: My husband and I agreed, and Sam and his girlfriend moved into his old bedroom, which is like an apartment of its own with a bathroom, a TV, Internet, and a small fridge. I mean, do you know what the cost of living is in San Diego? It's getting more and more expensive to live in such a big city.

CHAN: If I may step in here … The Maynards are hardly alone. This phenomenon we are talking about here is actually called the "boomerang generation". Millions of young adults in the US and Canada are moving back in with their parents while in college or even after finishing.

HOST: No wonder your parenting blog is so popular! And is the rising cost of living the main reason why adult-age kids are living at home?

CHAN: There are many factors that come into play: a weak economy, a long recession, or not enough jobs – just to name a few. As you know, the job market is very competitive, and with little job security, young adults don't have much financial room to leave home early. This means that many grown children are financially dependent on their parents, and don't learn how to manage their money.

SAM: *(clearing his throat)* Excuse me for interrupting, but when I told my parents that I needed to move back home, we sat down to talk things over. They told me what they expected me to do around the house, which was fine by me. And I've held up my end of the deal, haven't I, Mom?

MARIA: Yes, honey, you have. But on top of room and board, your Dad and I have had to help with extra expenses like your car insurance and cell phone payments. I mean, we want to support you while you're working toward your college degree, but if we're constantly being asked for $ 20 here and $ 50 there, it adds up.

HOST: Any suggestions, Mr. Chan?

CHAN: The best way for parents to handle expenses outside of room and board is a weekly or monthly sum. That teaches young adults how to manage their own money and sets a strict limit for how much they will be able to spend. Parents should be firm with their kids from the start and avoid the temptation to give extra financial help, like loans. Something I advise parents on my blog to do is to write up a contract and sign it, so that everything is in black and white and clear to everybody.

MARIA: Hmmm … A contract would make it more of a serious thing … Then, Sam, you couldn't say, "We never agreed to that".

SAM: Alright, Mom, let's not get carried away here. I mean, we'd never take advantage of you. And besides, you and Dad seem to have enough money.

CHAN: Are you sure about that, Sam? Having a grown child at home can cost between 8,000 and 18,000 dollars a year. Parents are finding themselves stuck caring for children, sometimes for much longer than they planned – often damaging their own financial health and using money they have saved up for their old age.

MARIA: It's true. Since Sam moved back home, my husband and I have delayed a life-long dream of ours – to go on a cruise in the Caribbean, and my husband, who is now 60, has to keep working full-time, although he was planning to reduce his working hours.

SAM: Oh, Mom, I didn't realize. But we are happy with these living arrangements, right? The house is so close to my college campus, and it's not like I plan on staying until I'm 30 or 35 or even until I'm married like Grandpa *Nonno* did. You'd never actually kick me out of the house, would you?

MARIA: Well, we never did set a limit for how long you are allowed to stay, but you've been back for a year now and seem to have gotten quite comfortable at home … I mean, your father and I have given up a lot of privacy because you are living with us again. We would like to have our nest back for ourselves someday, you know.

CHAN: If you don't mind me saying so, Mrs. Maynard, the biggest mistake parents make is not to say from the start when they expect their child to move out. As a rule of thumb, parents shouldn't allow their kids to live with them longer than, say, a year and a half. The longer children stay, the harder it is for them to leave.

HOST: And the more expensive it gets.

CHAN: Exactly. One approach to encourage kids to move out is for parents to give their child a sum of money every month that will slowly be reduced over time. It's a strategy I am using with my own 20-year-old daughter who is still living at home. As my wife and I reduce her allowance by about $ 50 a month, she is taking on more responsibility.

HOST: Isn't taking on more and more responsibility what growing up is all about? Let's hold on to that thought. We'll go into more detail right after this commercial break, *(fade out)* brought to you by your local …

Based on: http://online.wsj.com/articles/SB10001424127887323699704578326583020869940, 22. 01. 2016; http://www.spiegel.de/international/europe/bad-economy-means-young-europeans-having-trouble-leaving-home-a-877616.html, 22. 01. 2016; http://www.canada.com/story.html?id=83904bd8-3118-45c8-bc4c-cabd2a8ef8db, 22. 01. 2016

18. B

Hinweis: *"'Checkout time at this hotel is age 18'" (Z. 19)*

19. C

Hinweis: *"We wanted to save money when attending college." (Z. 23)*

20. B

Hinweis: *"This means that many grown children are financially dependent on their parents, and don't learn how to manage their money." (Z. 38–40)*

* 21. A

Hinweis: *"… your Dad and I have had to help with extra expenses like your car insurance and cell phone payments." (Z. 45–47)*

* 22. B

Hinweis: *"Parents should be firm with their kids from the start and avoid the temptation to give extra financial help, like loans. Something I advise parents on my blog to do is to write up a contract and sign it, so that everything is in black and white and clear to everybody." (Z. 54–57)*

* 23. C

Hinweis: *"Having a grown child at home can cost between 8,000 and 18,000 dollars a year. Parents are finding themselves stuck caring for children … often damaging their own financial health and using money they have saved up for their old age." (Z. 62–66)*

* 24. B

Hinweis: *"… your father and I have given up a lot of privacy because you are living with us again. We would like to have our nest back for ourselves someday …" (Z. 77–79)*

✶ 25. B

Hinweis: *"This means that many grown children are financially dependent on their parents, and don't learn how to manage their money." (Z. 38–40); "The longer children stay, the harder it is for them to leave." (Z. 83/84)*

Reading Part 1: Apps

1./2. C, E

Hinweis: *"What he needs is a cool running app ..."; "... one that helps him remember to do his homework."*

→ *app C: "With this app you will run like never before."*

→ *app E: "The app also lets you set reminders so you never forget what assignments and reading you need to complete."*

3./4. B, D

Hinweis: *"... trains the youth team of her soccer club. They are good but they don't score."; "... she loves to go to concerts with her friends. If an app could only tell her beforehand where they all plan to go."*

→ *app B: "... improve soccer skills ..."*

→ *app D: "... see which events your friends are going to!"*

5./6. D, F

Hinweis: *"... a festival addict who always wants to be the first to get the tickets. If there is an app she needs, it is one that makes buying and selling tickets as easy as pie."; "... an app that can notify her closest friends or family if necessary."*

→ *app D: "Get tickets and quickly access all of your tickets and event information from your phone."; "... and sell tickets to any event imaginable ..."*

→ *app F: "... for those situations when you need to quickly and discreetly get help from your friends or family."*

7./8. A, F

Hinweis: *"Instead of staring out of the window he would like to listen to news stories or blogs ..."; "... he has already experienced some dangerous situations on the train. Some friends could easily help him out if he could contact them somehow."*

→ *app A: "Whether commuting ... let this app accompany you and enrich your day. This app is perfect for you if you like podcasts, listen to audio books or prefer to consume other audio content on the go."*

→ *app F: "... for those situations when you need to quickly and discreetly get help from your friends or family."*

9./10. A, G

Hinweis: *"She needs to work on her English a little. An app that explains music clips or talk shows would be great for her. Listening to some authentic speakers who read the news in an app would be a perfect exercise, too."*

→ *app A: "Listen to an ever growing catalogue of articles from the world's best publishers and bloggers narrated by professional voice-actors. ... This app is perfect for you if you like podcasts, listen to audio books ..."*

→ *app G: "You'll learn English as it's spoken in real life. Browse through the huge database of the app and find the latest music videos, popular talk shows, news, inspiring talks and funny commercials. This app makes it really easy to watch English videos."*

Reading Part 2: Short Texts

* 11. D

Hinweis: *"Next time you check my ticket we should swap numbers."*

12. C

Hinweis: *"The smartest card in my wallet? It's a library card."*

13. B

Hinweis: *"... many fire deaths are caused by people attempting to cook or smoke while under the influence of alcohol."; "Don't put yourself – or your family – at risk to fire."*

14. A

Hinweis: *"Exercise is Medicine."*

15. A

Hinweis: *"The* Dinosaurs *gallery is closed from 8 to 19 September for a big summer clean."*

16. C

Hinweis: *"... we will collect your rubbish and recycling on the days below."*

Reading Part 3: Distracted Walking

17. C

Hinweis: *"Suddenly he stumbles, loses his balance and falls over the side, landing head first on the tracks." (Z. 2/3)*

✶ 18. B

Hinweis: *“distracted walking … walking while talking on a phone, texting with his head down, listening to music, or playing a video game.” (Z. 7–10)*

✶ 19. A

Hinweis: *“… placing signs on crosswalks and sidewalks at busy intersections urging pedestrians to ‘Look up …’” (Z. 15/16)*

✶ 20. D

Hinweis: *“an April Fool’s Day joke” (Z. 17); “‘… once they realized we were going to take the e-lane away, got mad because they thought it was really helpful to not have people get in their way while they were walking and texting …’” (Z. 20–22)*

✶ 21. C

Hinweis: *“… a regulation forbidding pedestrians from using cellphones, headphones or other distracting electronic devices while crossing the tracks of its rail system on the streets of Salt Lake City.” (Z. 23–25)*

✶ 22. C

Hinweis: *“… tumbled into a large fountain directly in front of her and got soaking wet.” (Z. 35/36)*

✶ 23. B

Hinweis: *“… pedestrians often think they’re in control and that it’s all the other fools on their phones who aren’t watching what they’re doing.” (Z. 42/43); “‘People think they can do it, that they are somehow better.’” (Z. 47)*

✶ 24. A

Hinweis: *“The group that talked on the cellphone walked slightly slower and went off course a bit more than before, but the texting group walked slower, went off course 61 percent more and overshot the target 13 percent more.” (Z. 55–58)*

✶ 25. A

Hinweis: *Der Text befasst sich ganz allgemein mit dem Phänomen des “distracted walking”. Überschrift C mit ihrem Fokus auf “distracted driving” scheidet daher aus. Auch Überschrift D kommt nicht infrage, da die ständige Benutzung von Smartphones insgesamt kritisch gesehen wird. Dennoch scheidet auch Überschrift B aus, weil Verbote nur als Extremlösung gesehen werden (“‘I mean, it’s our phone. We should be able to use it and walk and talk if we choose to …’”; Z. 27/28). Es bleibt also Lösung A, die in ihrer allgemeinen Warnung vor den Gefahren der Ablenkung durch technische Geräte auch am besten passt.*

Writing Part 1: Rent a Bed

Beispiellösung:

Age: 16
City/Town: Berlin, Germany

1. (on the) sofa in my room
2. (my) family and (my) dog
3. no smoking, be home by midnight
4. park (nearby), (quiet) neighbourhood
5. toothbrush, shampoo, good sense of humour

Writing Part 2: Trip to Berlin

***Hinweis:** Lies dir die Nachricht des Bloggers gut durch, damit du in deiner Antwort auf alle seine Fragen eingehen kannst. Er fragt nach der Größe von Berlin und nach einer Gegend, die du für seinen Aufenthalt empfehlen würdest. Außerdem möchte er etwas über dein Stadtviertel erfahren: Welche Vor- und Nachteile hat das Leben dort deiner Meinung nach? Abschließend sollst du noch die Frage beantworten, ob du gerne in Deutschland lebst.*

Beispiellösung:

Hi City Hopper,

It's a great idea that you want to come to Berlin. It is a very nice city and really big with about 3.5 million people. I would stay in Mitte, which is also the area where I live. It has become a very popular neighbourhood and it has a lot of cafés, bars, shops and two flea markets on Sunday, which I like. It is close to many forms of public transportation and there are also a couple of parks nearby. What I dislike though, is that it has become so trendy that the rents have doubled, and it is virtually impossible to find an affordable flat in the area. When I hear about the situation in other parts of the world, however, I'm glad that I live in Germany. It is very organised, safe, and doesn't seem corrupt compared to many other countries.

Best regards,
City Dweller (151 words)

✶ Writing Part 3: Mediation – Young Careers

Hinweis: Du kannst hier aus zwei verschiedenen Texten wählen. Es empfiehlt sich, den Text auszuwählen, über den du leichter auf Englisch schreiben kannst. Wichtige Punkte, die du auf jeden Fall erwähnen solltest, sind der Beruf der von dir gewählten Person und mindestens vier Stationen ihres beruflichen Werdegangs.

Beispiellösung zu Grace Risch:

Grace Risch: Singer from Berlin

Grace Risch is a 32-year-old singer from Berlin with Nigerian roots whose first single is "Kleine Welt" ("Small world"). Her music is a mixture of Drum 'n' Bass and synthesizer beats. She started singing even before she could speak and her first idol was Michael Jackson. At first, she wrote her songs in English but these days sings in German because it is now easy for her to find the right words for her music. She also does some acting and modelling and can imagine running a café or restaurant one day. (92 words)

Beispiellösung zu Lennart Wronkowitz:

Lennart Wronkowitz: Fashion designer at 16

Lennart Wronkowitz is 16 years old and already a fashion designer. He is trying to make an international career, and that is why he will have to leave the small town he comes from. He has been interested in fashion design since he was 14 and learned to sew from his mother, who is a tailor. He founded his own label and sells his clothes online. Meanwhile, he is about to show his third collection, which is trendy and designed for young people who want to stand out in a crowd. He might transfer to a design school before finishing his A-levels in order to achieve his dream of moving to New York someday. (114 words)

Schriftliche Prüfung zum MSA und zur eBBR in Berlin/Brandenburg
Englisch 2017

Listening Part 1: Short Messages

- You are going to hear two short messages.
- You will hear the recording twice.
- There are four questions in this part, two questions for each message.
- Look at the pictures and then listen to the recording.
- Choose the correct picture and put a tick (✓) in the right box.

Message One

1. What is not offered at half price?

A ☐	B ☐

C ☐	D ☐

2. Where do they want to meet?

A ☐

B ☐

C ☐

D ☐

Message Two

3. When does the exam start?

A ☐

B ☐

C ☐

D ☐

4. What do the students need to take to the exam?

A ☐

B ☐

	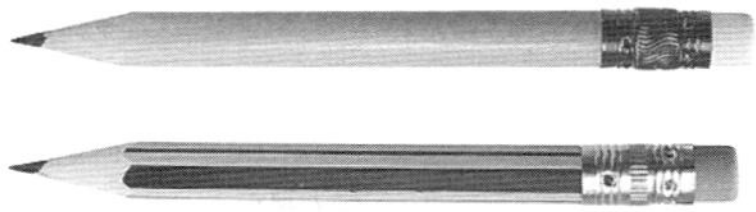
C ☐	D ☐

Listening Part 2: Radio Ads

Please note: You do not need to understand every word to do this task.

- You are going to hear four radio ads.
- You will hear the recording twice.
- Read the slogans below first, then listen to the recording.
- For each ad choose the correct slogan from the list (A–F) and put a tick (✓) in the right box.
- There is only one correct slogan for each ad.
- Two slogans can't be matched.

A We help to keep your neighbourhood safe
B Make friends – join a walking group
C Learn not to discriminate against others
D Good food – better health
E Read to learn new words
F Be active – feel good

		Slogan					
	Radio Ads	**A**	**B**	**C**	**D**	**E**	**F**
5.	Radio Ad 1						
6.	Radio Ad 2						
7.	Radio Ad 3						
*8.	Radio Ad 4						

Listening Part 3: YouTubers

- You are going to hear three people talking about their YouTube channels.
- You will hear the recording twice.
- Complete the table below. Use 1 to 5 words or numbers for each answer.

	What their channel is about	How they got the idea	Number of subscribers	How they make money
Cleopatra 	*fashion for Muslim women*	9.	10.	✶11.
Asari 	12.	*brother didn't know offline games*	13.	14.
Meghan 	*longboard dancing*	15.	16.	✶17.

Listening Part 4: The Sharing Economy

- You are going to hear a radio show.
- There are four people in the show: Jenny Robinson (the host), Brigid Masney, Rob Burton and Conor Murphy.
- You will hear the recording twice.
- Read the statements below first, then listen to the recording.
- Put a tick (✓) in the box next to the correct statement.
- Only one statement is correct in each case.

18. What example is used to explain the sharing economy?

    A ☐ writing a book
    B ☐ running a hotel
    C ☐ the use of a tool

* 19. What are the benefits of the sharing economy?

    A ☐ There is less pollution.
    B ☐ People spend less money.
    C ☐ both A + B

20. What happened in Somerset?

    A ☐ There was an environmental catastrophe.
    B ☐ People couldn't buy things locally any more.
    C ☐ The village was closed to traffic.

* 21. "Shwop" is …

    A ☐ a place where villagers exchange goods and services.
    B ☐ a shop that delivers your orders to your house.
    C ☐ a neighbourhood project to raise money for the community.

* 22. For Conor's business the sharing economy means …

    A ☐ more competition on the market.
    B ☐ finding new ways to reach customers.
    C ☐ both A + B

* 23. What are the long-term effects of the sharing economy according to Rob?
   - A ☐ Public services will get worse.
   - B ☐ The bank system will collapse.
   - C ☐ Companies will offer fewer apprenticeships.

* 24. Brigid believes that the sharing economy …
   - A ☐ gives more power to the individual.
   - B ☐ brings people together in the community.
   - C ☐ both A + B

25. Which of the following slogans summarizes Brigid's position best?
   - A ☐ Think globally – act locally!
   - B ☐ Don't buy a car, buy a bike!
   - C ☐ Stop global players!

Listening: Candidate Answer Sheet   Name: ____________________

For students: Put a tick (✓) in the correct box.

Part 1: Short Messages

Number	A	B	C	D
1				
2				
3				
4				

/ 4 P

Part 2: Radio Ads

		Slogan					
Number	**Radio Ads**	**A**	**B**	**C**	**D**	**E**	**F**
5	Radio Ad 1						
6	Radio Ad 2						
7	Radio Ad 3						
*8	Radio Ad 4						

/ 4 P

Part 3: YouTubers

Die Ergebnisse müssen nicht übertragen werden (***11 und *17**).

/ 9 P

Part 4: The Sharing Economy

Number	A	B	C
18			
*19			
20			
*21			
*22			
*23			
*24			
25			

/ 8 P

/ 25 P

Reading Part 1: What to Do in London

- These people (a–e) are looking for something to do in London.
- First read the information about the people, then look at the descriptions of the museums and tours (A–G) on pages 10 and 11.
- In each case find the **two** activities the people would do. Write the letters of the activities in the boxes next to the people's names.
- Some of the activities can be chosen more than once.

No.	Activity 1	Activity 2	The people	
1/2				a) **Fergus** plans to take a day off work this week and see an exhibition on nature and the environment – as a kind of escape from the big, busy city. He also loves exploring the art scene in London and wants his 12-year-old daughter to come along with him this weekend. Maybe they can even try creating some artwork themselves?
3/4				b) **Kim** likes to discover things about London that most people don't know. So she is looking for a museum exhibit that only a few people have seen before. And if it has something to do with crimes or mysteries, that would be even better. She also wants to take a somewhat unusual tour to look behind the scenes of this European capital. Something next Tuesday afternoon would fit in her schedule.

5/6				c) **Ruby** is planning a day trip to London at the end of the year. On this day, she wants to take a step back in time, to imagine what London used to look like. She's fascinated by architecture, so a tour featuring some buildings – especially old, forgotten ones – would be perfect for her. She also wants to find out about a famous person who once lived there, and she can only take this tour in the evening.
7/8				d) As an amateur photographer, **Maggie** wants to get some practice taking photos of this exciting city and learn more tricks of the trade while she's at it. She would also like to have a good laugh with some other adults on a walking tour. A stop for some refreshments during the tour would be nice, too.
9/10				e) **Nicholas** is an animal-lover. He's been to the London zoo many times already, so now he wants to see wild animals on display in an exhibition. He would also like to learn about a darker side of the city. He doesn't really like walking tours, though. He'd rather go at his own pace.

The Museum of London

A) Here you can see a macabre collection of evidence and criminal tales which was created in 1875 but has only ever been open to police professionals and invited guests. Now we can all get a glimpse of the gory details, though, as its most fascinating exhibits will be on display at the Museum of London in this exhibition which reveals previously unseen details and secrets from real-life high profile crimes. Visitors will also find out more about the challenges the police face while trying to keep London legal.
Opening hours: daily 10 a.m. – 6 p.m.
Price: £ 15; concessions £ 12.50

Natural History Museum

B) The celebrated annual wildlife photography competition exhibition returns to the Natural History Museum with images of the most extraordinary species on the planet, captured by professional and amateur photographers. The overall winner of this year's Wildlife Photographer of the Year is amateur photographer Don Gutoski for his beautiful and rather bloody 'Tale of two foxes', taken in the subarctic climes of Cape Churchill, Canada.
Opening hours: daily 10 a.m. – 5.50 p.m.
Price: £ 13.50, £ 6.75 children & concs

Derelict London

C) Some of the most interesting corners of the city are the areas that are neglected and crumbling, the deserted streets whose past is written on the wall or concealed beneath rubble. Paul Tallin of Derelict London, who has been recording and photographing these atmospheric buildings and streets for more than a decade, leads a great programme of walking tours at weekends. Plan ahead, though; tickets for these walks sell out months in advance.

London Loo Tours

D) Fascinated by public sanitation? This 90 min tour is a walk through the history and politics of London, as represented by the humble loo – and toilet humour is positively encouraged. Walks on Tuesdays, Thursdays and Saturday afternoons begin at Waterloo station, by the toilets opposite Platform 18, and are an adults-only activity (you'll drop in to some cocktail bars en route). Saturday tours of Bloomsbury start at Euston Square station at 11 a.m. You don't need to book in advance.

Street Art Tour 	E) Want to learn how to create a piece of spray can art in a safe and fun environment? One of our expert street artist guides will take you on a graffiti and street art walking tour of East London where you'll see some of the world's finest street art. Then, after a refreshment break it's back to the Alternative London workshop to try it for yourself! Combined tours and workshops start at 11 a.m. every Saturday and Sunday. Age minimum of 10 years. One adult per three children. Under 16's must be accompanied by an adult.
The City Photography Tour 	F) Come join us on the City Photography Walk as we take you through the streets of London hunting down the perfect shot. We teach you the principles behind a perfect photo and use London as our classroom. On our City photography walking tour you can use any camera as we focus on the creative side of photography. We take you to all the best locations around the City of London and teach you how to take amazing photos. There are three tours on Saturday and three tours on Sunday every weekend. Price: £ 54.99 per person
Jack the Ripper Tour 	G) Our original Aldgate East Jack the Ripper Tour has been introducing people to the world's most infamous serial killer for over 32 years. We offer you a truly atmospheric route that allows you to explore the old streets and historic buildings that are still just as they were back in the age of the Ripper; the opportunity to examine Victorian photographs that show you the streets through which you will be walking as they were at the time of the crimes. When? every night – 7 chilling nights a week What time? 7 p.m. Duration? 2 hours Cost? £ 10 per person

Reading Part 2: Short Texts

- Look at the text and the statements in each task.
- What does the text say?
- Put a tick (✓) next to the statement that matches the text – **A**, **B**, **C** or **D**.
- There is only one correct statement for each sign.

* 11.

A ☐ Here you can pay for your food by phone.

B ☐ It's rude to use your smartphone here.

C ☐ Here is a good place to find a date.

D ☐ You can use the Wi-Fi network for free.

12.

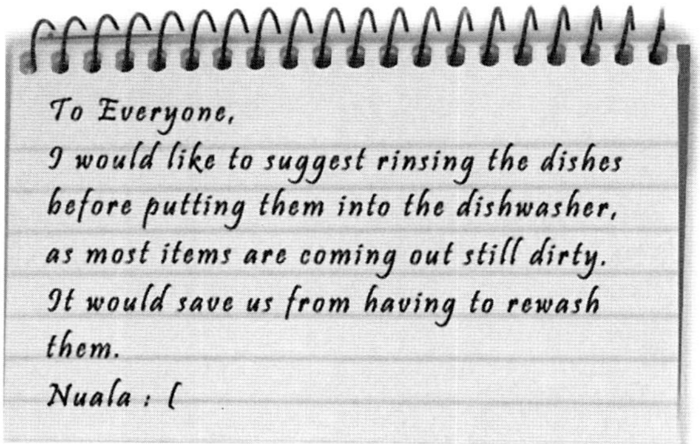
To Everyone,
I would like to suggest rinsing the dishes before putting them into the dishwasher, as most items are coming out still dirty.
It would save us from having to rewash them.
Nuala : (

Nuala is a bit angry because …

A ☐ the dishwasher is broken.

B ☐ her flatmates don't use the dishwasher.

C ☐ the dishes aren't getting clean.

D ☐ she always has to do the dishes.

13.

This is a special offer for …

A ☐ buying second-hand clothes.

B ☐ washing dirty clothes.

C ☐ fixing old clothes.

D ☐ putting photos on clothes.

14.

Venus Williams will not take part in the Wimbledon tournament because …

A ☐ she is recovering from an injury.

B ☐ she wants to take part in another tournament.

C ☐ she wants her sister to win the championship.

D ☐ she has been disqualified.

* 15.

A ☐ People are not allowed to walk through the gate.

B ☐ The gate has to be closed at all times.

C ☐ Don't enter when the warning light is on.

D ☐ Be careful when crossing the railway tracks.

16.

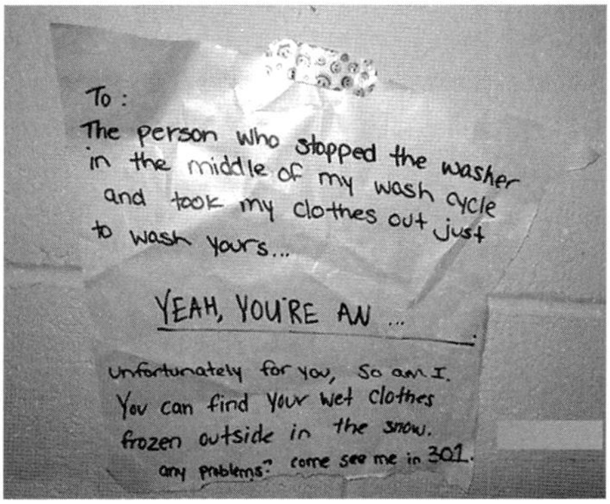

The student who wrote this note is angry because someone …

A ☐ has stolen her clothes.

B ☐ has broken the washing machine.

C ☐ didn't wait until it was their turn.

D ☐ has been bullying her.

Reading Part 3: Mary's Meals – One Charity's Life-Changing Work in Malawi

- Read the text and the statements on pages 17 and 18.
- Put a tick (✓) in the box next to the correct answer.
- Only one answer is correct in each case.

Livinesi Kathiko, seven, sets out for school in the dawn mist with a spring in her step. An emerald-green adult's handbag swings from her shoulder; a blue plastic mug is clasped tightly in her hand. She joins a procession of children on the red dusty road, chirping away merrily. "Now she goes to school happy, because she knows she is going to have some food," Beatrice, her 18-year-old sister, who has run the household since their mother fell ill three years ago, says. "Before, she was hungry all the time."

Livinesi goes to Chirimba primary school in the Machinga district of eastern Malawi. She is one of 1,500 pupils there who in the past fortnight have begun receiving food from Mary's Meals, a Scottish charity that provides one meal a day in a child's place of education. It is a remarkably straightforward aim, but one that changes lives. The food encourages parents to send their children to school, enables the youngsters to concentrate and grow strong, and in doing so gives hope to some of the world's poorest places. In certain areas of Malawi school attendance has risen by 50 per cent since Mary's Meals began providing food in 2002; a generation of educated young adults is emerging that otherwise would have dropped out of school.

This week Mary's Meals expects to mark the milestone of reaching one million children around the world – a fact that Magnus MacFarlane-Barrow, the charity's founder, says is amazing. "It's a number that is too big to get my brain around," he says. "But there's a risk of getting caught up in the excitement of the one million figure – for us it's all about reaching the next child; we have waiting lists in every country we work in, and that drives us on."

Beatrice shows me the room where she and her sisters – Livinesi, Naomi, 14, and Phoebe, 16 – sleep together, their bed a mat on the mud floor. In a second room the wall is covered with hand-drawn posters of the alphabet and sums. At first light she wakes her sisters and bathes them. It is Livinesi's job to sweep the yard, while the others fetch water. Beatrice organises their school books, then, when the girls have left for school, she will clean the house, and walk to the foothills of Chikala Mountain, towering above them, to look for saleable firewood.

Food has never been part of their morning routine. A small patch of maize, sweet potato and pumpkin provides sporadic nourishment, but not enough for regular meals. “Having food at school has helped the children a lot,” Beatrice says. “They are energetic and alert, and can concentrate. They are not gloomy anymore.”

In 1992, during the Balkan wars, Magnus MacFarlane-Barrow asked for aid donations for Bosnian refugees. He and his brother Fergus joined a convoy of trucks laden with food and clothes on what he initially thought was a one-off mission. It blossomed into a full-time job with an organisation they named Scottish International Relief.

Ten years later, in 2002, MacFarlane-Barrow travelled to Malawi for the first time, to assist with famine relief. He met a woman whose 14-year-old son told him that his one wish in life was to have enough food to eat, and to go to school one day. That encounter sparked Scottish International Relief’s evolution into a new school-based feeding operation, which MacFarlane-Barrow, a committed Catholic, named Mary’s Meals.

The charity now provides for children in 12 countries across Africa, Asia, Latin America and the Caribbean, at an average cost of £ 12.20 per child, per year. “I think the reason we have got so far is that we’ve found something that really works,” MacFarlane-Barrow says. “It’s so simple. And it’s also been successful because it is the community who own this – they are in charge of providing volunteers to cook the food, and supervising it.”

The school must agree to build a kitchen, fitted out to Mary’s Meals’ standard design, and organise a rota of mothers to come in every day and cook the food. They must provide storage facilities for the sacks of food, and ensure that they are securely kept, away from potential thieves. They must usually also agree to plant and tend to a copse of trees, which can be chopped down as fuel for the stoves, rather than felling existing forests.

In return, Mary’s Meals will provide consistent delivery of the food, a stove and cooking utensils. A monitor will arrive by motorbike – unannounced – twice a week, to ensure the food is being served correctly and not taken away for sale. The charity will feed all the schools in one particular educational district, to avoid children migrating from one school to another just to seek food. Which district is fed depends on where the need is greatest. Dr Justin Malewezi – an expert on traditional society – says: “I had no idea just what one meal a day could do.”

Harriet Alexander, 16. 05. 2015, http://www.telegraph.co.uk/news/worldnews/africaandindianocean/malawi/11600042/Marys-Meals-one-charitys-life-changing-work-in-Malawi.html

17. Why does Livinesi Kathiko feel good on her way to school?
   - A ☐ She can walk with her friends.
   - B ☐ She has a new schoolbag.
   - C ☐ She will soon get something to eat.
   - D ☐ She is with her older sister.

✶ 18. Since Mary's Meals has been set up, …
   - A ☐ more children are attending school.
   - B ☐ children are more focused.
   - C ☐ children are healthier.
   - D ☐ all of them (A + B + C)

✶ 19. What is the goal of MacFarlane-Barrow?
   - A ☐ to make people donate money
   - B ☐ to get other charities involved
   - C ☐ to feed as many children as possible
   - D ☐ to hand over responsibility to the government

20. Beatrice Kathiko …
   - A ☐ teaches her sisters before school.
   - B ☐ has taken over responsibility for her sisters.
   - C ☐ sells vegetables at the local market.
   - D ☐ all of them (A + B + C)

✶ 21. What does Beatrice say about her sisters?
   - A ☐ They respect their teachers.
   - B ☐ They like helping in the little garden.
   - C ☐ They love the meals that she prepares.
   - D ☐ They are happier because they eat frequently.

✶ 22. MacFarlane-Barrow …
   - A ☐ helped European refugees in the past.
   - B ☐ has built a school in Malawi.
   - C ☐ is a religious man.
   - D ☐ both A + C

✶ 23. Why is Mary's Meals doing so well?

A ☐ It is organized locally.
B ☐ It is financed by the state.
C ☐ Food thieves are severely punished.
D ☐ Neighbouring communities provide firewood.

✶ 24. Mary's Meals …

A ☐ provides basic equipment.
B ☐ supervises the food delivery.
C ☐ makes sure the food is properly distributed.
D ☐ all of them (A + B + C)

✶ 25. Which slogan fits this campaign best?

A ☐ Fight hunger – grow your own food
B ☐ Hungry children – angry children
C ☐ Fill your belly, feed your brain
D ☐ Fresh local food at a low price

Reading: Candidate Answer Sheet Name: ______________________

For students: Put a tick (✓) in the correct box.

Part 1: What to Do in London

Number	Name	A	B	C	D	E	F	G
1/2	a) Fergus							
3/4	b) Kim							
5/6	c) Ruby							
7/8	d) Maggie							
9/10	e) Nicholas							

/ 10 P

Part 2: Short Texts

Number	A	B	C	D
*11				
12				
13				
14				
*15				
16				

/ 6 P

Part 3: Mary's Meals – One Charity's Life-Changing Work in Malawi

Number	A	B	C	D
17				
*18				
*19				
20				
*21				
*22				
*23				
*24				
*25				

/ 9 P

/ 25 P

Writing Part 1: Your Photo

- You have posted this photo.
- Your friend James wants to know more.
- Answer his questions.
- Write 30–50 words.

/5 P

Writing Part 2: The Future

- Read what the blogger has written.
- Then write back, answering all of his questions.
- Write a minimum of 100 words.

Home	Services	Blog	Contact	epinion
Welcome to our site	*What we do*	*Read our stories*	*Get in touch*	

Blog › **Public topics** ›

The Future

Name: Sci-Fi Lover

At the moment I'm thinking a lot about the future and I'm interested in what you have to say about this topic.
For my own future I have hopes and fears.
What about you? What are your hopes for your future?
I'm very much into science fiction and watch all the sci-fi movies I can get hold of and am allowed to watch ☹. What futuristic things from science fiction movies or books do you want to happen in real life? If you could, how would you like to influence the future?
Sometimes I wish I knew what our future would be like. Would you like to live 100 years in the future or at some point in the past? Why – or why not?

Inhalt: / 6 P Sprache: / 6 P Gesamt: / 12 P

Katharina Fröhlich, 19 Jahre, absolviert derzeit ein Freiwilliges Soziales Jahr am Staatstheater Stuttgart.

Seit dem 1. September arbeite ich in der Theaterpädagogik im Schauspiel des Staatstheaters Stuttgart und habe damit genau meine Wunschstelle bekommen. Die Theaterpädagogik hatte mich vorher schon interessiert, weil ich es spannend finde, wie Theaterstücke aufgebaut sind und wie Inhalte vermittelt werden können. Gemeinsam mit meinen Kolleginnen fertige ich Materialmappen zu verschiedenen Stücken an. Diese können etwa von Lehrern zur Vorbereitung auf einen Theaterbesuch mit ihren Klassen verwendet werden. Wir gehen auch selbst an Schulen und erarbeiten mit Schülern die Inhalte eines Stückes. Dann erstellen wir zum Beispiel mit den Klassen Standbilder, proben kleine Szenen oder diskutieren über inhaltliche Fragen.

Neben diesen Aufgaben übernehme ich die organisatorische Betreuung der drei Laienspielgruppen am Haus, betreue Lehrer und Schulklassen bei Aufführungen und führe Besuchergruppen durchs Theater. Außerdem kümmere ich mich zusammen mit einer anderen Freiwilligen des FSJ Kultur um mein eigenes Projekt, das ich im Rahmen des FSJ Kultur erstellen muss. Wir fertigen eine virtuelle, interaktive Theatercollage an, die einen Blick hinter die Kulissen ermöglicht.

Ich denke, dass ich durch das FSJ selbstständiger geworden bin. Zwar wohne ich noch zu Hause – die 300 Euro Aufwandsentschädigung würden für ein eigenständiges Leben auch nicht reichen –, aber ich habe eine Menge für mein späteres Berufsleben mitgenommen. Mir gefällt die Arbeit am Theater und ich könnte mir vorstellen, später als Dramaturgin zu arbeiten. Allerdings habe ich gemerkt, dass diese Tätigkeit viel Leidenschaft und Flexibilität verlangt. Momentan beginne ich meistens um 8.30 Uhr und habe am späten Nachmittag Feierabend. Später wären Arbeitszeiten am Abend und an Wochenenden normal.

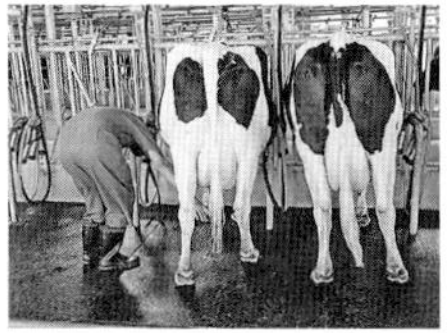

Nico absolviert ein Freiwilliges Ökologisches Jahr in der Nähe von Frankfurt am Main.

Meine Einsatzstelle ist ein relativ großer Bauernhof (150 ha, 80 Menschen) in der Nähe von Frankfurt am Main. Dort arbeite ich nicht nur, sondern wohne auch die meiste Zeit dort. Es gibt zwei Aufgabenbereiche, in denen wir (es gibt zwei FÖJ Stellen) die meiste Zeit arbeiten.
Das eine ist der Stall: Hier sind wir vor allem für die Kälberversorgung zuständig, das heißt füttern, ausmisten und was sonst noch dazu gehört, helfen aber auch sonst im Stall bei den Arbeiten mit. Der andere Aufgabenbereich ist die Mitarbeit in der Gemüse-/Getreidezüchtung. Das sind vor allem Gartenarbeiten. Eine weitere Aufgabe ist es, Kindergruppen (meist Kindergarten oder Grundschule) über den Hof zu führen, das machen wir allerdings nur einmal die Woche vormittags.

Die Arbeit macht mir Spaß, auch wenn es manchmal etwas viel ist. Die Tiere wollen halt auch am Wochenende versorgt werden. Die Arbeit ist allerdings nicht so anstrengend, wie ich es mir vorgestellt hatte. Wenn man mal davon absieht, dass ich im September immer um halb neun schon tief und fest geschlafen habe … Das hat sich aber zum Glück geändert. Nach getaner Arbeit sitzen wir oft noch lange nach dem Essen zusammen und reden, spielen oder schauen uns auch mal einen Film an.

Ich kann das FÖJ mit gutem Gefühl weiterempfehlen. Ich habe jede Menge nette Menschen kennen gelernt und bin froh, dass ich nach dem Abi nicht direkt in die Uni gegangen bin, sondern erst mal etwas ganz anderes gemacht habe. Das FÖJ ist auf jeden Fall eine gute Möglichkeit, sich für die Natur einzusetzen und diese dadurch mehr schätzen zu lernen.

http://www.abi.de/orientieren/auszeit/Freiwillige_Jahre/Soziales_Umwelt.htm?zg=schueler

✶ Writing Part 3: Mediation – Volunteer Gap Year

Your English-speaking friend Kim would like to spend a year doing volunteer work in Germany. He/She is looking for ideas of what to do and has asked you for help.

- Read the two reports which you have found on the Internet.
- Choose **one** report.
- Write an e-mail to your friend Kim telling him/her about the kind of work he/she could do.
- Say what the volunteer does/did and mention at least four aspects about the work and the experience.
- Do not translate word for word.
- Write complete sentences.

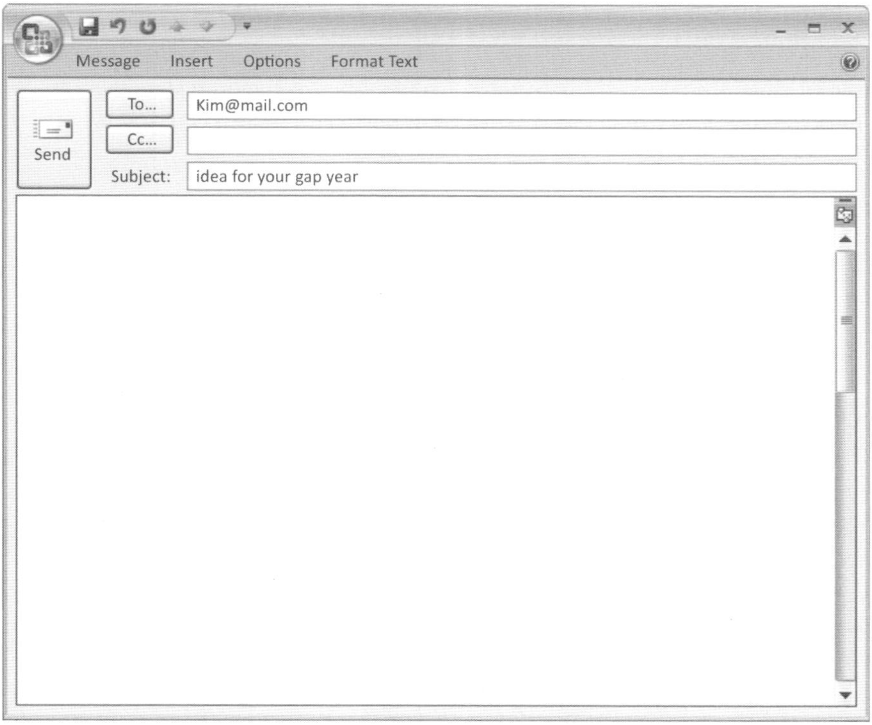

Inhalt:	/4 P	Sprache:	/4 P	Gesamt:	/8 P

Lösungsvorschläge

Listening Part 1: Short Messages

Message One

Hey, have you heard? Kelly just texted me about one of those flash sales going on right now. She wrote that that new store Fashion First is kick-starting the week with a great offer – their "deal of the day": today, and only today, you can get nearly <u>everything</u> at half price! Isn't that awesome? Now I can finally buy that jacket I've had my eye on. A matching pair of boots will have to wait, though, 'cuz it's 50 % off <u>almost</u> everything – unfortunately shoes and bags are not reduced. Still, this <u>is</u> your chance to buy those jeans you always wanted.
Here's the thing: the discount is only good until closing time this evening – that's at 9 p.m. – so we'll want to rush over there right after work. Text me as soon as you get out of the office, and I'll see you at the nearest store, the one located just east of Central Park on Fifth Avenue. Afterwards, we can grab some burgers for dinner on the way home. And don't be late this time, okay? This sale won't last forever! Bye!

1. A
   Hinweis: *"unfortunately shoes and bags are not reduced." (Z. 6/7)*

2. A
   Hinweis: *"I'll see you at the nearest store, the one located just east of Central Park on Fifth Avenue." (Z. 10/11)*

Message Two

Hello, this is Principal James Roddy from Martin High School in Arlington. I am calling to remind you that your 10th grade student will be taking the California High School Exam tomorrow, Wednesday, at 9.30 a.m. To take this test students are to report to room B 35 in the Blue Building at 9 a.m. A student must pass the reading, writing and math parts of the exam in order to graduate and receive a high school diploma. Remember: your child needs to bring two pencils with good erasers. Ink pens are not allowed. Paper and calculators will be provided. And your child has to show some form of photo identification. Encourage your child to take these tests seriously and to be on time. Thank you for your support.

3. B
   Hinweis: *"the California High School Exam tomorrow, Wednesday, at 9.30 a.m." (Z. 2/3)*

4. D

Hinweis: *"your child needs to bring two pencils with good erasers." (Z. 6/7)*

Listening Part 2: Radio Ads

Ad 1: Exercise

NARRATOR: Wayne Brady for the Will Rogers Institute.

BRADY: Hey, folks. I've got something that will truly revolutionize your life. It's called: exercise. It will: get you from here to there, allow you to spend time with your family and meet new people, cut inches from your waistline and improve the quality of your life, even help improve your self-image.
So, when you've got to choose between moving around or lying on the couch, choose exercise. You won't be sorry.

NARRATOR: For your free booklet, visit wrinstitute.org or call toll-free 877-957-7575 and find us on facebook and twitter.

http://www.wrinstitute.org/files/frontporch3/files/radio/WRI_Radio30_Brady_FINAL.mp3

5. F

Hinweis: *"improve the quality of your life, even help improve your self-image." (Z. 5); "choose exercise. You won't be sorry." (Z. 7)*

Ad 2: Food Fuel

MORANIS: Hi, this is Rick Moranis. You know, some people are more careful about what they feed their cars than what they feed their bodies. They know that the wrong fuel can hurt a car's performance and maybe ruin the engine. But the wrong food can have the same effect on your health. Too much fat, too many calories, and too little of what's good for you can affect how well you feel and even lead to serious illness. So eat right. It'll help you keep running smooth.

MALE: For more information, visit the Will Rogers Institute at wrinstitute.org or call toll-free 877-957-7575, and find us on facebook and twitter.

http://www.wrinstitute.org/files/frontporch3/files/radio/WRI_Radio30_Moranis_FINAL.mp3

6. D

Hinweis: *"So eat right. It'll help you keep running smooth." (Z. 6/7)*

Ad 3: Walking Officers

NARRATOR: This is the sound of a Safer Neighbourhoods Officer interrupting a drug deal.
(sound of footsteps)
NARRATOR: Stopping a street fight.
(sound of footsteps)
NARRATOR: And preventing a thief from breaking into a car.
(sound of footsteps)
NARRATOR: By walking your streets, our officers deter criminals and prevent crime from taking place. And they target the issues you've identified in your area. For more information, visit met.police.uk/saferneighbourhoods. Metropolitan Police. Working together for a safer London.

http://content.met.police.uk/Campaign/sn2010

7. A
   Hinweis: *"By walking your streets, our officers deter criminals and prevent crime from taking place." (Z. 8/9)*

Ad 4: Racial equality

MALE: I'm going to read out a list of words. Which colour do you associate with each of them – black or white? I'll start with an easy one. Snow. Coal. Good. Evil. Athlete. Intelligent. Violence. Drug pusher. Police officer. Mugger. Victim …
FEMALE: Why do we think the way we do? A new book and travelling exhibition called "Roots of the Future" will challenge prejudices and teach you about the contribution ethnic minorities make to everyday life in Britain. For details, call the Commission for Racial Equality on 0171-932-5309.
MALE: … and finally, me. Black or white?

http://englishguru.wikispaces.com/Radio+adverts

* 8. C
   Hinweis: *"will challenge prejudices and teach you about the contribution ethnic minorities make to everyday life" (Z. 6/7)*

Listening Part 3: YouTubers

Cleopatra

Hi, my name is Osiris Halabi, I'm 25 years old and you can find me on YouTube. My fans, who know me as Cleopatra, follow my tutorials on fashion for Muslim women. My father is from Egypt and my mother from Britain. I grew up in Cardiff and live in London now with my lovely husband Sid. I've always loved fashion and never understood why some people think you can't be both: a Muslim and crazy about fashion. I got the idea for my YouTube channel because many people would ask me about my clothes and how I do my scarf. So, I got myself a webcam and had a go. I just want to show the world that you can look amazing AND wear a scarf. So, my most popular tutorials on YouTube are hijab tutorials. I just love showing girls the many different AND STYLISH ways to wear a headscarf. Over the last two years many more people have started following me. So now, having over 280,000 followers shows me that many Muslim women share my love for fashion, and it has allowed me to now make a living with my style craze. I cooperate with the fashion label Liberty London on a range of scarves and have some product placement in my clips. Why don't you check out my channel?

Asari

I'm Sanjeh from Bristol. Online, however, people know me as Asari. On YouTube I teach the fantasy role playing game Dungeons and Dragons – not the computer version you might know but the original pen and paper version. For those of you who don't know what Dungeons and Dragons is, let me explain: it's a game where you play with figures, dice and books. What makes DnD a great game is that you play it with your friends. You explore medieval dungeons and complete quests to become more powerful. There is one dungeon master and many heroes. If you are a hero, you can create your own character – humans, dwarves, elves, wizards and many others. These characters all have different powers that can be used at different times during the game. The dungeon master's job is to create fun encounters for the heroes to play. It's wicked. I started my YouTube channel when I realized that my own little brother didn't know how to play games offline. In a way I think that computer games are kind of killing the real thing, you know, playing a game without computers. Having over 23,000 subscribers now shows me that I'm not the only one who is not just into online games. Obviously, this doesn't allow me to make a living. So I'm still working as a software engineer and have my tutorials as a hobby.

Meghan

Hello there, I'm Meghan from L.A. I'm 18 and my hobby combines two sports: dancing and longboarding. Most people know me from my YouTube channel where I give tutorials on how to do longboard dancing. What I love about this sport is that it's so elegant and yet so rough and pretty dangerous as well. But with like a bit of experience in longboarding, it is really quite easy to learn, doing some simple steps to start off with. I never really planned to be a YouTube star. It just started when my friend took out her smartphone and filmed my new tricks and then shared the clip online for all our friends to watch. Before we knew it, we had massive views. Just yesterday we hit the 80,000 mark. Also, labels like "Skatergirl" know of me. So, now I'm lucky enough to have sponsors that finance my cool hobby and my channel so that I can live from it and don't have to do a 9 to 5 to make a living.

9. people asked about her style (Z. 6/7)

10. (over) 280,000 (Z. 12)

* 11. cooperation with fashion label (Z. 13/14)/product placement (in her clips) (Z. 15)

12. teaching fantasy role playing game/teaching Dungeons and Dragons (Z. 2)

13. (over) 23,000 (Z. 14)

14. as a software engineer (Z. 16)

15. friend posted video of her (Z. 7/8)

16. 80,000 (Z. 9)

* 17. sponsors finance channel (Z. 10/11)

Listening Part 4: The Sharing Economy

HOST: Good afternoon, I am Jenny Robinson and welcome to *Global Talk*. This week we'll be talking about the sharing economy. Before we get started, let me introduce my guests: here is 17-year-old Brigid Masney, an apprentice from Somerset, who really believes in non-profit sharing.

BRIGID: Hi guys. Yes, I certainly do – you know how little money people like me have.

HOST: I would also like to welcome Rob Burton, an economist and author of the book *What's Mine is Yours: All about Sharing*.

ROB: Nice to be here.

HOST: And last but not least we have Conor Murphy, who runs a little hotel in London and sees the sharing economy rather critically.

CONOR: Thanks for inviting me.

HOST: Now, these days you hear a lot about the sharing economy but do we really know what it means? Rob, please fill us in.

ROB: Certainly, let me put it like this: you move into a new flat and want to hang pictures or put up shelves. You need an electric drill to bore the holes in the wall. So you go out and buy one. But do you know that on average a drill is used about 12 or 13 minutes during its lifespan and it produces 45 kgs of carbon in its production? What you need is the hole in the wall, and not the drill.

So isn't it better to rent or borrow the drill from a neighbour or from someone online? Sharing things, like in this case the drill, rather than buying, is the principle behind the sharing economy.

HOST: So I presume the Internet is also an important factor here?

ROB: Absolutely! There are a lot of online platforms that enable people to share things like cars, tools, accommodation, clothes, music and, believe it or not, even skills. And you know, by sharing things we hope to reduce waste and carbon, as well as save people money and storage space.

HOST: So, Brigid, it's about sharing, swopping or borrowing things?

BRIGID: Yes, that's exactly it! I mean, think of all the things that young people like me couldn't afford if we always had to buy and pay for everything. But it is also more than just saving money. Let me give you an example from my little village in Somerset. When the last shop in our village closed down, people were very unhappy. Ever since we've had to buy every single item somewhere else. So you need a car, which again is bad for the environment … I myself don't even have one … That's why some of the villagers got together and thought about a way out: they opened "Shwop", which they run themselves – along with other volunteers.

HOST: Shwop? What on earth is that?

BRIGID: It's the name of our shop project where you can borrow things. In order to take part in this project, you yourself must deposit something like the drill or offer a service like gardening … anything you are good at. You can even bring in your garden fruit or your homemade jam.

HOST: So there is no exchange of money at all?

BRIGID: Well, it doesn't work without <u>any</u> money. Certain costs like rent have to be covered, but it's non-profit. This project has really brought people together and has given us a sense of community.

CONOR: Wait a minute! I have to step in here. It all sounds too much like paradise to me. Your example is very nice but it isn't the whole story. Take my business: many of the small hotels here in London have to close down because they can't keep up with platforms like homeexchange.com – you stay at someone else's place, and let them stay at yours. In turn I am losing customers and have to struggle to survive.

BRIGID: Sorry to hear that but I couldn't afford to go to London if I had to pay for a hotel or a normal bed and breakfast, so I am not a customer you would lose.

CONOR: Ooooh no Brigid, it's not as simple as that! I'm not talking about people who can't afford a hotel. I'm talking about all those tourists who've got the money and feel that they have a more "authentic" travel experience if they stay in a "real" Londoner's flat. That's the romantic theory. But it's us who have to pay taxes, insurance, personnel and on top of that we have to meet higher safety standards just to mention a few things. That's the reality!

HOST: Well, that sounds like two very different sides of the medal. Rob, in your book you also write some critical things about the sharing economy. What are the consequences of the problem Conor's just described?

ROB: Well, it can be summed up like this: If the sharing economy thrives, the traditional economy will suffer. If people buy fewer things and share more, retailers will lose out. If people share their skills instead of hiring, say a plumber or a painter, the service industry will suffer. And that means that they'll pay less tax, which consequently means that the communities suffer as well because they have less money coming in that finances schools, roads, hospitals and so on.

HOST: Brigid, after hearing this, do you think you might have been a little naïve to think that you can make the world a better place by sharing?

BRIGID: Well, I wouldn't say I'm naïve but yes, I do have a dream of a better world. I really believe in the sharing economy as a way to reduce the power of money, save resources and give back responsibility to the people. We can't go on wasting so much, any longer … you know: buy it and bin it … even if it's good for the economy. And we could do with closer ties in the neighbourhoods, don't you think?

CONOR: Well, where do you draw the line, though? How do you know that you haven't taken something away from someone else? Have you never downloaded music for share on the Internet? And what about the person who took the pains to write and record the songs?

HOST: Sorry guys but we have to stop here for a moment. If you want to hear Brigid's answer and more on the sharing economy, stay tuned. We will be back after the break.

(commercial for a drill)

18. C

 Hinweis: *"You need an electric drill to bore the holes in the wall … What you need is the <u>hole</u> in the wall, and not the <u>drill</u>." (Z. 16–19)*

* 19. C

 Hinweis: *"by sharing things we hope to reduce waste and carbon, as well as save people money" (Z. 26/27)*

20. B

 Hinweis: *"When the last shop in our village closed down, people were very unhappy. Ever since we've had to buy every single item somewhere else." (Z. 32–34)*

* 21. A

Hinweis: *"It's the name of our shop project where you can borrow things. In order to take part in this project, you yourself must deposit something like the drill or offer a service like gardening" (Z. 39–41)*

* 22. A

Hinweis: *"many of the small hotels here in London have to close down because they can't keep up with platforms like homeexchange.com" (Z. 49/50)*

* 23. A

Hinweis: *"they'll pay less tax, which consequently means that the communities suffer as well because they have less money coming in that finances schools, roads, hospitals and so on." (Z. 67–70)*

* 24. C

Hinweis: *"give back responsibility to the people." (Z. 75); "And we could do with closer ties in the neighbourhoods" (Z. 77/78)*

25. A

Hinweis: *"I do have a dream of a better world. I really believe in the sharing economy as a way to reduce the power of money, save resources and give back responsibility to the people." (Z. 73–75); "And we could do with closer ties in the neighbourhoods" (Z. 77/78)*

Reading Part 1: What to Do in London

1./2. B, E

Hinweis: *"see an exhibition on nature and the environment"; "loves exploring the art scene in London and wants his 12-year-old daughter to come along ... Maybe they can even try creating some artwork themselves?"*

→ *activity B: "images of the most extraordinary species on the planet"*

→ *activity E: "Want to learn how to create a piece of spray can art ...?"; "street art walking tour of East London where you'll see some of the world's finest street art."; "Age minimum of 10 years."*

3./4. A, D

Hinweis: *"she is looking for a museum exhibit that only a few people have seen before. And if it has something to do with crimes or mysteries, that would be even better."; "wants to take a somewhat unusual tour to look behind the scenes of this European capital. Something next Tuesday afternoon would fit in her schedule."*

→ *activity A: "Here you can see a macabre collection of evidence and criminal tales which was created in 1875 but has only ever been open to police professionals and invited guests."*
→ *activity D: "London Loo Tours"; "Walks on Tuesdays, Thursdays and Saturday afternoons"*

5./6. C, G
Hinweis: *"fascinated by architecture, so a tour featuring some buildings – especially old, forgotten ones – would be perfect for her."; "She also wants to find out about a famous person who once lived there, and she can only take this tour in the evening."*
→ *activity C: "Some of the most interesting corners of the city are the areas that are neglected and crumbling"*
→ *activity G: "explore the old streets and historic buildings that are still just as they were back in the age of the Ripper"; "7 p.m."*

7./8. D, F
Hinweis: *"would also like to have a good laugh with some other adults on a walking tour. A stop for some refreshments during the tour would be nice, too."; "get some practice taking photos of this exciting city and learn more tricks of the trade"*
→ *activity D: "toilet humour is positively encouraged."; "an adults-only activity (you'll drop in to some cocktail bars en route)."*
→ *activity F: "We teach you the principles behind a perfect photo and use London as our classroom."*

9./10. A, B
Hinweis: *"would also like to learn about a darker side of the city. He doesn't really like walking tours, though."; "animal-lover ... now he wants to see wild animals on display in an exhibition."*
→ *activity A: "a macabre collection of evidence and criminal tales"*
→ *activity B: "images of the most extraordinary species on the planet"*

Reading Part 2: Short Texts

* 11. B
Hinweis: *Hier musst du zwischen den Zeilen lesen, um die richtige Antwort zu finden. Als „polite person" wird jemand bezeichnet, der nicht ununterbrochen mit seinem Smartphone beschäftigt ist. Also gilt es im Umkehrschluss als unhöflich („rude"), sein Smartphone zu benutzen.*

12. C
Hinweis: *"most items are coming out still dirty."*

13. B
Hinweis: *"DRY CLEANERS"; "shirts laundered"*

14. A
Hinweis: *"I need to take time to let my back heal."*

* 15. A
Hinweis: *"This entrance is for vehicles only. Pedestrians must use separate entrance."*

16. C
Hinweis: *"stopped the washer in the middle of my wash cycle and took my clothes out"*

Reading Part 3: Mary's Meals

17. C
Hinweis: *"Now she goes to school happy, because she knows she is going to have some food" (Z. 4/5)*

* 18. D
Hinweis: *"The food encourages parents to send their children to school, enables the youngsters to concentrate and grow strong" (Z. 12/13); "school attendance has risen by 50 per cent" (Z. 14/15)*

* 19. C
Hinweis: *"for us it's all about reaching the next child" (Z. 22)*

20. B
Hinweis: *"has run the household since their mother fell ill" (Z. 5/6); "wakes her sisters and bathes them." (Z. 27); "organises their school books" (Z. 28)*

* 21. D
Hinweis: *"They are not gloomy anymore." (Z. 34)*

* 22. D
Hinweis: *"asked for aid donations for Bosnian refugees." (Z. 35/36); "a committed Catholic" (Z. 44/45)*

* 23. A
Hinweis: *"it's also been successful because it is the community who own this – they are in charge of providing volunteers to cook the food, and supervising it." (Z. 49–51)*

∗ 24. D

Hinweis: "In return, Mary's Meals will provide consistent delivery of the food, a stove and cooking utensils. A monitor will arrive by motorbike – unannounced – twice a week, to ensure the food is being served correctly and not taken away for sale." (Z. 58–60)

∗ 25. C

***Hinweis:** Die Organisation Mary's Meals, um die es im Text geht, setzt sich für eine gute Ernährung für Schulkinder ein ("a Scottish charity that provides one meal a day in a child's place of education", Z. 10/11). Auch die positive Rückwirkung von ausreichender Ernährung auf den Lernerfolg der Kinder wird ganz klar thematisiert ("The food … enables the youngsters to concentrate", Z. 12/13; "Having food at school has helped the children a lot … They are energetic and alert, and can concentrate.", Z. 33/34).*

Writing Part 1: Your Photo

***Hinweis:** Um diese Aufgabe zu lösen, musst du in kurzer Form auf die Fragen antworten, die dein Freund James dir zu einem Foto gestellt hat. Wichtig ist also, dass du beschreibst, wo das Foto aufgenommen wurde, wer darauf zu sehen ist und was darauf passiert. Du musst nicht genau die hier angegebene Situation beschreiben. Entscheidend ist, dass du auf alle Fragen antwortest und deine Beschreibung zu dem Bild passt.*

Beispiellösung:
I was at the Games Convention in Munich. My friend Eddy, right in the picture, took part in a competition. He came in 3rd. It was great to watch and meet other gamers. I also found some new games. Want to play a round of "Space Wars"?

(47 words)

Writing Part 2: The Future

***Hinweis:** Der Eintrag des Bloggers gibt dir vor, wie deine Antwort aufgebaut sein sollte. Lies ihn also genau durch und achte auf die Fragen, die der Blogger stellt. Er will wissen, welche Wünsche du für die Zukunft hast, wie du die Zukunft gerne beeinflussen würdest, welche Zukunftsszenarien aus Büchern oder Filmen sich deiner Meinung nach in der Zukunft erfüllen sollten und ob du lieber in der Zukunft oder der Vergangenheit leben würdest.*

Beispiellösung:

Hi Sci-Fi Lover,

Your questions are really interesting. My hope for the future is that climate change can be brought under control.
I'm also a science fiction buff but my parents don't let me watch the best films either. But a friend of mine has all those films at home :-).
I really like the film *I Robot* and would like to have a robot like that at home. It could tidy up my room, do my homework and answer my parents from my room, when I'm actually not at home. I think robots are a good direction to go in the future and can do a lot of tasks that we don't want to do, or that are too dangerous for humans to do. I'm going to study robotics at university and hope to improve things in the future.
Sometimes I want to go back to the sixties, because that was a very creative time, especially for music. Other times I think a lot of problems will be solved in 100 years and would like to see the world at that time. I wouldn't like to go back to the middle ages. That seems like a very backward way to live, and with no computers!!!

Best wishes,
Pro-machina (209 words)

✶ Writing Part 3: Mediation – Volunteer Gap Year

Hinweis: *Hier kannst du aus zwei Texten einen auswählen, zu dem du eine Mediation verfassen musst. Es ist sinnvoll, sich zunächst beide durchzulesen, wichtige Aspekte zu unterstreichen und anschließend zu überlegen, bei welchem Text es dir leichter fällt, die Informationen auf Englisch wiederzugeben. Insgesamt musst du mindestens vier Aspekte aus dem Text aufgreifen, die mit den Tätigkeiten und Erfahrungen von Katharina bzw. Nico zu tun haben. Du hast also auch hier etwas Spielraum, die Aspekte zu wählen, die du gut auf Englisch ausdrücken kannst. Vergiss aber nicht, dass dein fertiger Text eine E-Mail an eine/n Freund/in sein soll: Du brauchst also passende Einleitungs- und Schlussbemerkungen und solltest dir überlegen, welche Informationen für deine/n Freund/in wichtig sein könnten. In beiden Beispiellösungen wurden hier neben einigen Hauptaufgaben der Freiwilligen auch Vor- und Nachteile der Arbeit genannt, die Kim bei seiner/ihrer Entscheidung unterstützen können.*

Beispiellösung zu Katharina Fröhlich:

Hi Kim,

I've just read an interesting article on voluntary work for a gap year in Germany. If you like acting and drama, you can work at a theatre. That is what Katharina

Froehlich is doing at the Staatstheater Stuttgart. She has lots of interesting tasks in her job. For example, she helps create folders for students to prepare them for the performances. Sometimes she even goes to schools to work with the students, acts out small scenes or discusses about plays with them. Furthermore, Katharina is responsible for three amateur theatre groups and conducts tours through the theatre.
The only bad thing about this job is that she earns only 300 euros. That is why she still lives with her parents :-(… but she thinks her voluntary work might be a good preparation for her career, because she would like to be a theatre director in the future.
Another advantage of you working at a theatre is that there is one very close to where I live. So, if you decided to go there, we could see each other.

Looking forward to your decision.
Philipp (187 words)

Beispiellösung zu Nico:

Hi Kim,

I've just read an interesting article on voluntary work for a gap year in Germany. I know that you've always loved animals, so you could work on a farm for your voluntary year.
Nico, the volunteer in the article, really likes the job, despite the fact that it's very hard. He also has to work on the weekends feeding the animals. But he says it's a lot of fun. Besides tending to animals, especially calves, he works on cultivating new sorts of vegetables and crops. He also lives on the farm and enjoys being with the others for dinner in the evenings. He met a lot of nice people and said that working on a farm helps the environment and teaches him to appreciate nature.
Wouldn't that be perfect for you? Working with animals and getting to know other people would probably help you feel at home in Germany. And maybe we could see each other if you came to a farm near my hometown.
I hope I could help you and look forward to hearing about your decision.

Love,
Rita (183 words)

Schriftliche Prüfung zum MSA und zur eBBR in Berlin/Brandenburg
Englisch 2018

Listening Part 1: Short Messages

- You are going to hear two short messages.
- You will hear the recording twice.
- There are four questions in this part, two questions for each message.
- Look at the pictures and then listen to the recording.
- Choose the correct picture and put a tick (✓) in the right box.

Message One

1. Where did the singer come from when she was seen?

A ☐

B ☐

C ☐

D ☐

2. What was on her T-shirt?

A ☐	B ☐	C ☐	D ☐

Message Two

3. Where are Kyle and Abe going to meet?

A ☐	B ☐

C ☐	D ☐

4. What does Abe look like?

A ☐	B ☐	C ☐	D ☐

Listening Part 2: Radio Ads

Please note: You do not need to understand every word to do this task.

- You are going to hear four radio ads.
- You will hear the recording twice.
- Read the slogans below first, then listen to the recording.
- For each ad choose the correct slogan from the list (A–F) and put a tick (✓) in the right box.
- There is only one correct slogan for each ad.
- Two slogans can't be matched.

A Cheat and you could lose a lot
B Care for your kids – unplug
C Pay attention or pay the price
D Be informed – protect your child
E Don't drink and drive
F Eat less meat – feed more people

		Slogan					
	Radio Ads	**A**	**B**	**C**	**D**	**E**	**F**
5.	Radio Ad 1						
6.	Radio Ad 2						
7.	Radio Ad 3						
*8.	Radio Ad 4						

Listening Part 3: Comic Heroes

- You are going to hear three people talking about comic heroes.
- You will hear the recording twice.
- Complete the table below. Use 1 to 5 words or numbers for each answer.

	Hero's superpower *(Name one.)*	**Hero's weakness** *(Name one.)*	**Reason for enemy's revenge** *(Name one.)*	**Speaker's likes** *(Name one.)*
Mr. Fantastic	9.		✶10.	11.
Storm	12.	13.		14.
Hawkeye		15.	✶16.	17.

Listening Part 4: Robots and Us

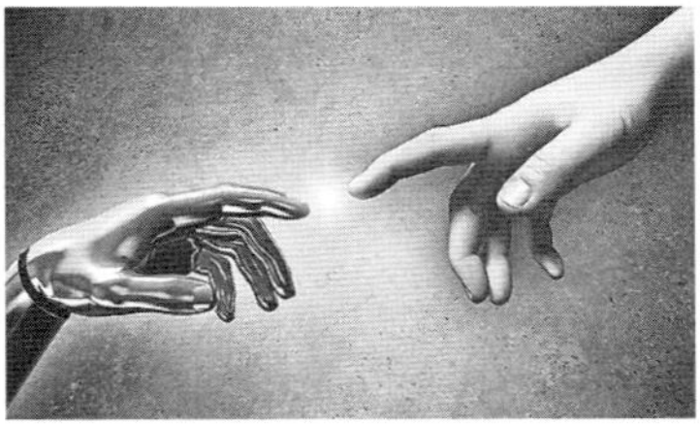

- You are going to hear a radio call-in show.
- There are four speakers: Hannah Ferguson (the host), Rashid Khan (an expert) and two callers.
- You will hear the recording twice.
- Read the statements below first, then listen to the recording.
- Put a tick (✓) in the box next to the correct statement.
- Only one statement is correct in each case.

18. The elderly Japanese couple are sad because …
    - A ☐ they are seriously ill.
    - B ☐ they can't help their pets.
    - C ☐ both A + B

19. The robot dog AIBO …
    - A ☐ needs a lot of care.
    - B ☐ was initially developed for children.
    - C ☐ is not being produced any more.

* 20. How does the caller Jeremy respond to the scene on YouTube?
    - A ☐ He has had similar problems.
    - B ☐ He doesn't understand the old people's reaction.
    - C ☐ both A + B

* 21. At Samira's workplace robots are used to …
    - A ☐ cheer people up.
    - B ☐ take care of people.
    - C ☐ exercise people's memories.

* 22. In his research, Rashid focuses on …
    - A ☐ making robots look like humans.
    - B ☐ rationalizing work by using robots.
    - C ☐ examining people's feelings towards robots.

* 23. The experiment with the dinosaur robot shows that …

A ☐ they can learn things on their own.

B ☐ the look and feel of robots needs improving.

C ☐ we can feel for robots.

24. What is Rashid's view on the future of the man-machine relationship?

A ☐ A love relationship is possible.

B ☐ He warns us against getting too close.

C ☐ both A + B

* 25. Which of the following statements reflects the talk show best?

A ☐ Robots have crossed the line from cute to creepy.

B ☐ First we feel for them, then we fall for them.

C ☐ It won't be long before robots surpass humanity.

Listening: Candidate Answer Sheet Name: ______________________

For students: Put a tick (✓) in the correct box.

Part 1: Short Messages

Number	A	B	C	D
1				
2				
3				
4				

/ 4 P

Part 2: Radio Ads

		Slogan					
Number	Radio Ads	A	B	C	D	E	F
5	Radio Ad 1						
6	Radio Ad 2						
7	Radio Ad 3						
*8	Radio Ad 4						

/ 4 P

Part 3: Comic Heroes

Die Ergebnisse müssen nicht übertragen werden (***10 und *16**).

/ 9 P

Part 4: Robots and Us

Number	A	B	C
18			
19			
*20			
*21			
*22			
*23			
24			
*25			

/ 8 P

/ 25 P

Reading Part 1: What to Do in and around New Orleans

- These people (a–e) are looking for something to do in and around New Orleans.
- First read the information about the people, then look at the descriptions of things to do (A–G) on pages 9 to 11.
- In each case find the **two** activities the people would do. Write the letters of the activities in the boxes next to the people's names.
- Some of the activities can be chosen more than once.

	Activity		The people	
No.	**1**	**2**		
1/2				a) **Jazzy** plays the saxophone. Being in the cradle of her favorite music – jazz – she definitely has to see some of her old-age idols performing in person. Another thing she would like to do is a boat tour of New Orleans since the streets are always so crowded. She would like to combine this with some sweet tunes and good food.
3/4				b) **Alejandro** is from a samba school in Rio. In New Orleans he wants to see what makes their carnival so different. Maybe he can learn from the people who design and make such crazy outfits. Since he is from a big, noisy city, he would also enjoy getting out of the city for the day to explore its surroundings. He loves the thrills nature has to offer.
5/6				c) **Alisha** likes nature and wildlife. She would go someplace where she can learn more about various species – especially the ones you can't easily find in the wild any more. The next day she would like to have a relaxed start over a traditional New Orleans breakfast and enjoy the lively street life.

7/8				d) **Jonathan** has brought his family to the South. While he and his wife are interested in the history of the region, especially the places where slaves lived and worked, his kids love dangerous animals. He hopes to find a tour which makes everybody happy. The next day he would, if possible, treat his children to something special – take them to some place where they cannot only see animals, but also touch them.
9/10				e) **Zainab** and her 12-year-old daughter are fascinated by the old parts of the city, particularly the spooky places that have a long history. Any tour covering something like this would fit perfectly. In the evening they would like to go to a place where they can breathe in the unique atmosphere of the city and enjoy the nightlife without all the usual drinking and smoking.

Café du Monde 	A) The perfect day begins here. In business since 1862, this world-famous institution offers the original beignet (pronounced ben-yay), the state donut of Louisiana. Be there first thing in the morning to nab an outside table overlooking Jackson Square, the classic New Orleans postcard with its medley of street performers, tarot readers, musicians, and artists selling their works. Ask your white-jacketed waiter to bring you some of the famous chicory-laced café au lait, then sit back and indulge in prime peoplewatching. *(800 Decatur St.; 504/525-4544; cash only)*

Natchez

B) Give your kid a copy of *Huck Finn* and hop a ride on a true-blue Mississippi paddle wheeler. The authentic steamboat cruises on the NATCHEZ along the Mississippi River are fun for the whole family. While onboard, families are invited to visit the Steam Engine Room, enjoy views of New Orleans from the river and feast on traditional Creole cuisine. Live jazz is played on all cruises. Meals are optional; families are welcome to just sail and take in the sights to the sound of music.
($ 65/adult, $ 27/child 6–12; free for under-6s. Dinner/City combo: $ 106/adult, $ 49/child)

Cemeteries

C) One of the coolest things about New Orleans is its above-ground cemeteries, known as "cities of the dead". In an impressive display of urban planning, these cemeteries were indeed laid out like mini cities, with parallel streets running between the rows of lavish above-ground vaults and intricately-carved stone tombs in which wealthy citizens were laid to rest. Movie buffs will recognize the eerie walls of Lafayette Cemetery No. 1 from films like *Interview with a Vampire*. The best way to explore is with a guided cemetery tour by Save Our Cemeteries.
($ 20/adult, free for kids under 12; no reservation necessary)

Preservation Hall

D) The city that gave the world Louis Armstrong is a tremendous place to hear live music, as long as you're over the legal drinking age. For a kid-friendly jazz venue, head over to Preservation Hall, where the motto is "No smoking, drinking. All ages." Located three blocks from the Mississippi, this place was built as a private residence in 1750, then reincarnated as a tavern, inn, photo studio, and art gallery before opening as a jazz hall in 1961. Every night people crowd together on wooden benches to hear veteran musicians in their 70s and 80s play New Orleans Jazz.
(726 St. Peter St.; admission: $ 30–$ 40/person)

Mardi Gras World

E) Even if you're not in town for the actual festival, don't miss your chance to go behind the scenes of one of America's most renowned celebrations. Inside this enormous warehouse, thousands of parade props, ornate costumes, and giant parade floats are on view, including a 140-foot sea monster and a 240-foot riverboat. During the tour, you can watch artisans as they work on their creations for next year's big bash. But the most fun part is rummaging through the costume trunks and dressing up in the elaborate carnival outfits. (Tip: Don't forget your camera.)
(233 Newton St., Algier; $ 19.95/adult,
$ 15.95/student with college ID,
$ 12.95/child 2–11 yrs, free for 2 and under)

Cajun Swamp and Plantation Tour

F) From two different perspectives, you can enjoy a unique journey back to the early days of Louisiana on this combination tour. Visit the Manchac Swamp, and as your boat drifts through the waterways, you will learn about the Louisiana Wetlands, the inhabitants of the swamp – particularly the life and habits of the American alligator. (Tip: Keep your hands in the boat. Seriously.) You'll also visit your choice of two historic Louisiana plantation homes – Oak Alley or Laura – and get a unique insight into the days of slavery. This tour includes hotel pickup from most New Orleans hotels.
(Duration: 7 hours from pick-up to drop-off;
from $ 84.95)

Audubon Zoo

G) More than 1,300 creatures live at the Audubon Zoo, including a Komodo dragon, a herd of playful sea lions, a pair of white Bengal tigers, and a family of extremely rare white alligators.
(Tip: Be at the swamp at 3 p.m. sharp on Wednesdays and Saturdays, gator feeding time.) Check out the schedule of terrific special events, including sleepovers, kids' nights out, and breakfasts where kids get hands-on time with favorite animals.
(6500 Magazine St.; closed Mondays;
admission: $ 17.50/adult, $ 12/child 2–12 years,
free for under-2s)

Reading Part 2: Short Texts

- Look at the text and the statements in each task.
- What does the text say?
- Put a tick (✓) next to the statement that matches the text – **A**, **B**, **C** or **D**.
- There is only one correct statement for each sign.

* 11.

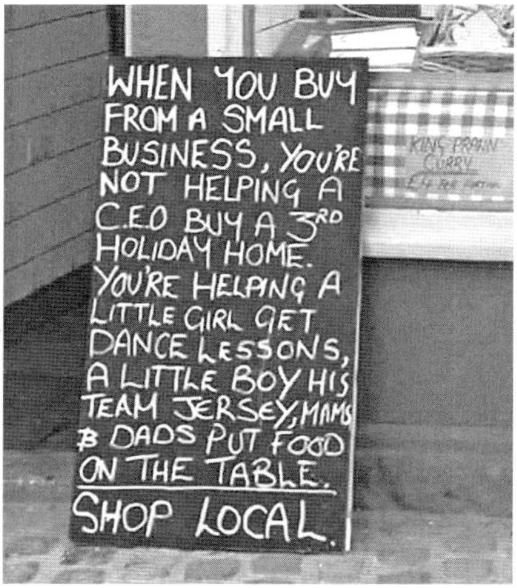

Shop here and …

A ☐ win a holiday.

B ☐ make a company rich.

C ☐ support a neighbour.

D ☐ save money.

* 12.

WARNING!
Due to the shortage of robots, some of our staff are human and may react unpredictably when rushed or abused!

A ☐ Be polite to the people working here.

B ☐ Don't let a robot steal your job.

C ☐ Watch robots at work here.

D ☐ Don't let stress trouble you.

13.

A ☐ Give it away – don't throw it away.

B ☐ Join our cycling club.

C ☐ Don't park your bike here.

D ☐ Repair today – return tomorrow.

14.

A ☐ Check your disaster alert app regularly.

B ☐ Don't block the emergency exit.

C ☐ Help rescue others.

D ☐ Don't risk your safety for a post.

15. 

This organization is looking for reading helpers …

A ☐ to entertain children at school.

B ☐ to give retired people something to do.

C ☐ to save tax money.

D ☐ to enable children to succeed in life.

16. 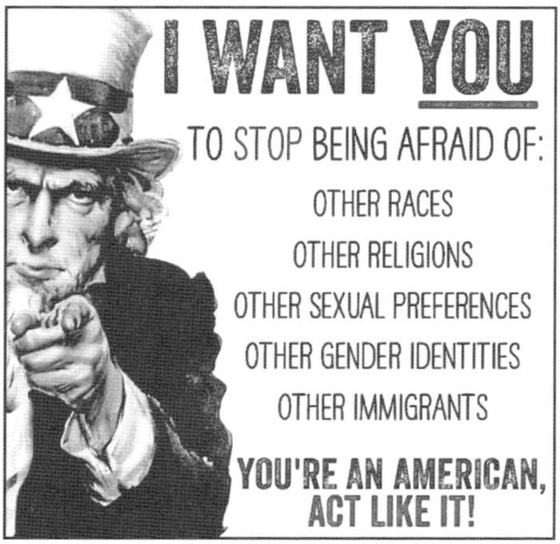

This sign promotes …

A ☐ the USA.

B ☐ immigration.

C ☐ tolerance.

D ☐ American products.

Reading Part 3: How Fake Images Change Our Memory and Behaviour

- Read the text and the statements on pages 17 and 18.
- Put a tick (✓) in the box next to the correct answer.
- Only one answer is correct in each case.

The year was a memorable one – looking back at the unforgettable images over the past 12 months, you might think of apocalyptic-looking clouds over Manhattan during Hurricane Sandy. There's only one problem. All these images are fake.

It would be fine if we could see these images simply as a joke, something amusing but harmless, shared among our friends and followers, but our minds work differently. People tend to think of their memories as a transcript, a history of events from some early age up to the present moment. But human memory is far more like an illusion than a transcript – as we remember the past, we are really just making meaning out of the bits and pieces of sights, smells and sounds we think we remember.

For decades, researchers have been exploring just how unreliable our own memories are. Memories are also quite easily manipulated and rewritten. If we combine this with modern image-editing software like Photoshop, it's a recipe for disaster. In a world where we can witness news and world events as they happen, fake images surround us, and our minds accept these pictures as real, and remember them later. These fake memories don't just affect how we see our past, they affect our behaviour too – from what we eat, to how we protest and vote. The problem is there's almost nothing we can do to stop it.

Old memories seem to be the easiest to manipulate. In one study, people were shown images from their childhood. Along with real images, researchers showed doctored photographs of them taking a hot-air balloon ride with their family. After seeing those images, 50 % of these people recalled some part of that hot-air balloon ride – though the event was entirely made up.

Childhood memories may be the easiest to manipulate, but recent, adult memories are at risk too. In one experiment, researchers asked participants to take part in a gambling task alongside a partner. When they came back for the second part of the experiment, they were shown doctored footage of their partner cheating.

Despite not actually having seen their partner cheat, 20 % of participants were willing to sign a witness statement saying that they had. Even after being told that the footage was doctored, participants sometimes recalled the cheating that never happened. "They say things like 'I remember seeing it, I saw them taking too much money'," says Kimberly Wade, a memory researcher from the University of Warwick, who carried out the study.

Of course, people aren't walking around manipulating false images of your childhood or your recent past, but you've probably seen thousands of fake photographs in your lifetime without you knowing it. From advertisements to political campaigns, altered and faked images surround us every day. Restaurants make their food look more appetising, magazines make their models skinnier and blemish-free, colleges and politicians put people into photographs to make their students and crowds look more diverse.

Images are really good at fooling our memories for a number of reasons, Wade says. A big part of it is because people trust photographs. "We still think of them as frozen moments in time," she says, even though most people know that photographs can be, and often are, doctored. In fact, people trust photographs so much that they actually place more weight on information that is accompanied with an image, regardless of how related or useful that image is. If you show participants a statement, and an image that provides no proof of that statement, they are far more likely to find that statement true than if it had no image alongside it.

Another reason we're tricked so readily is that we're really bad at telling fake photographs from real ones, says Hany Farid, an image doctoring expert from Dartmouth College in New Hampshire, United States. "It turns out that while the brain and the visual cortex is very good at many things, like face recognition, it is really, really bad at analysing lighting and reflections." When presented with doctored images, humans are bad at telling which ones are fake and which are real. And we're bad in both directions, Farid says, judging fake images to be real, and real ones to be fake. What's worse is that even when we're told the photographs we've seen are wrong, it doesn't seem to help. Over time we may remember the image but not remember knowing that it's doctored.

The worry is that with images pouring in from citizen reporters from all parts of the globe, people will be confronted with more doctored images, not less.

Adapted: Rose Eveleth, 13. 12. 2012, http://www.bbc.com/future/story/20121213-fake-pictures-make-real-memories

17. What does the writer say about the unforgettable photos of the previous year?
   A ☐ They showed street life in New York City.
   B ☐ They showed the effects of climate change.
   C ☐ They were not backed up to iCloud.
   D ☐ They were not authentic.

* 18. The writer says that the human memory is like …
   A ☐ an old book where everything is written down.
   B ☐ a hard disk where information is neatly stored.
   C ☐ a fantasy mix produced by the senses.
   D ☐ a film that can be played back at any time.

* 19. Why are computer-edited images problematic?
   A ☐ We don't trust what we see in pictures any more.
   B ☐ They influence the way we think and act.
   C ☐ They cause psychological problems.
   D ☐ all of them (A + B + C)

20. Half the people in the hot-air balloon experiment …
   A ☐ had to see a doctor after the experiment.
   B ☐ remembered something that had never happened.
   C ☐ said that the experiment had changed their lives.
   D ☐ were children when the experiment was carried out.

* 21. What happened after the gambling experiment?
   A ☐ Some people accused others of cheating.
   B ☐ Lifelong friendships were destroyed.
   C ☐ A number of participants gave up gambling.
   D ☐ Financial support for the research project was stopped.

* 22. Which of the following fields are <u>not</u> mentioned in lines 34 to 40? ("Of course, … more diverse.")
   A ☐ business and marketing
   B ☐ fashion and beauty
   C ☐ sports and medicine
   D ☐ politics and society

* 23. According to Kimberly Wade …
  - A ☐ we think that photos represent the truth.
  - B ☐ a picture makes information more believable.
  - C ☐ a lot of people have a photographic memory.
  - D ☐ both A + B

* 24. According to Hany Farid …
  - A ☐ we find it hard to identify manipulations in pictures.
  - B ☐ we forget that pictures have been faked.
  - C ☐ we can't remember faces well.
  - D ☐ both A + B

* 25. Another title for this article could be:
  - A ☐ A picture is worth a thousand words.
  - B ☐ Memories reflect the truth. Right? Wrong.
  - C ☐ Real or imagined? The brain knows!
  - D ☐ Learn how to spot the difference.

Reading: Candidate Answer Sheet Name: ______________________

For students: Put a tick (✓) in the correct box.

Part 1: What to Do in and around New Orleans

Number	Name	A	B	C	D	E	F	G
1/2	a) Jazzy							
3/4	b) Alejandro							
5/6	c) Alisha							
7/8	d) Jonathan							
9/10	e) Zainab							

/ 10 P

Part 2: Short Texts

Number	A	B	C	D
*11				
*12				
13				
14				
15				
16				

/ 6 P

Part 3: How Fake Images Change Our Memory and Behaviour

Number	A	B	C	D
17				
*18				
*19				
20				
*21				
*22				
*23				
*24				
*25				

/ 9 P

/ 25 P

Writing Part 1: Your Photo

- You have posted this photo.
- Your friend James wants to know more.
- Answer his questions.
- Write 30–50 words.

/5 P

Writing Part 2: Lying

- Read what the blogger has written.
- Then write back, answering all of his questions.
- Write a minimum of 100 words.

Home *Welcome to our site* | **Services** *What we do* | **Blog** *Read our stories* | **Contact** *Get in touch* | epinion

Blog › **Public topics** ›

Truth and Lies

Name: HonestApe

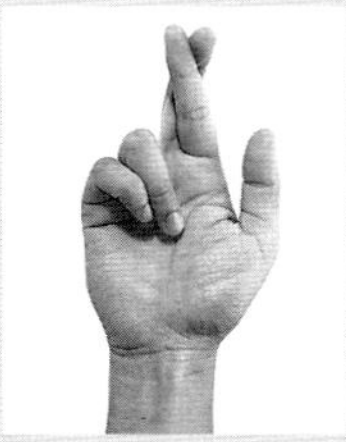

Hey guys,
The other day I caught a friend lying to me. And it wasn't just about some stupid little thing. It was a really big, fat lie about something that is SO important to me! I couldn't believe it at first – I've always thought that being honest is important for a real friendship. How would you react if you caught a good friend lying to you?
Then I got to thinking about myself … When someone asks me how I'm feeling, I often say "I'm fine" even though I'm not. That's also lying, isn't it? Why do we lie in situations like that? In which other situations do you think it's OK to lie?
And one more thing I'm wondering about: What would the world be like if everybody always told the truth?

Inhalt: /6 P Sprache: /6 P Gesamt: /12 P

Sandra:
Mein Freiwilliges Soziales Jahr im Waldorf Kindergarten Pankow

Ich bin Sandra, mittlerweile 19 Jahre alt und hatte ein spannendes und schönes Jahr im Waldorf Kindergarten Pankow. Zu Beginn war alles noch sehr neu. Die Stadt, die Arbeit sowie die Menschen waren mir nicht vertraut.

In meiner Kindergartengruppe erwarteten mich 16 süße Kinder und zwei Erzieherinnen, die mich herzlich empfingen. Ich lernte die Abläufe in der Gruppe, das Bio-Essen und die Kinder und Erzieherinnen kennen.

Im Grunde waren meine Aufgaben die Begleitung der Kinder im Alltag und die Unterstützung der Erzieherinnen beim Tagesablauf. Es wurde mir selbst überlassen, welche Tätigkeiten ich übernehmen möchte. Erstaunlich fand ich die Regelmäßigkeit im ganzen Tun in diesem Kindergarten. Das Frühstück, Mittag- und Nachmittagessen ist genauso geregelt wie die Planung, was man wann in der Woche macht.

Das Fazit, das ich aus diesem FSJ ziehe: Die Kinder wachsen sehr behütet auf und werden nicht auf Selbstständigkeit getrimmt, wie ich es kannte. Ich finde es jedoch sehr positiv, dass sie noch Kind sein können und die Erzieherinnen sich auch gedanklich viel mit dem Kind und seinen Fähigkeiten, Problemen usw. beschäftigen. In diesem Zusammenhang arbeiten sie auch sehr eng mit den Eltern zusammen, was dem Ganzen eine angenehme Atmosphäre verleiht.

Schön war für mich auch die Abwechslung durch die Seminare, in denen ich mich mit anderen austauschen konnte, die zum Teil ähnliche Probleme hatten. Es tat gut, mal einen Tag etwas anderes zu machen als ständig das Gleiche zu erzählen (z. B. „Hände waschen nicht vergessen" etc.) und auch andere Menschen zu sehen.

Quelle: Jugendwerk Aufbau Ost JAO gGmbH, http://www.jao-fsj.de/wp/das-fsj-in-berlin/erfahrungsberichte/132-2/, 09. 12. 2016

Mehmet:
Mein Freiwilliges Ökologisches Jahr im ErlebnisWald Trappenkamp

Der ErlebnisWald Trappenkamp – im hohen Norden zwischen Hamburg und Lübeck – ist eine Einrichtung mit riesengroßem Freizeitgelände, Schmetterlingsgarten sowie drei Tiergehegen mit heimischen Tierarten. Zusammen mit zwei anderen FÖJ'lern wohne ich auf dem Gelände und arbeite dort.

Meine Aufgaben bestehen darin, vielfältige Aktionen für Familien und Kinder zum Teil mit Waldpädagogen zu betreuen. Dies können Führungen durch den Wald und auch Bastelaktionen mit Kindern sein. Besonders gerne mag ich außerdem die Arbeit in unserem Schmetterlingsgarten, der nur von heimischen Schmetterlingen bevölkert wird: Unkrautjäten, Zurückschneiden, Einpflanzen – alles, was ein Gärtner auch macht. Ansonsten gehören die Vorbereitung verschiedener Angebote und damit die Organisation von Material, sowie das Sammeln von Naturmaterialien für Aktionen zu meinen vielfältigen Tätigkeiten.

Besonderer Höhepunkt war die lange vorbereitete Waldweihnacht im Dezember – ein großer Weihnachtsmarkt mit verschiedenen Ständen zum Mitmachen für Familien und ihre Kinder verteilt im Wald. Es wurde überall mit Naturmaterialien gebastelt. Auch wir FÖJ'ler hatten einen eigenen Stand zu betreuen.

Ich kann nur betonen: Das FÖJ ist für die geeignet, die gerne mit und in der Natur arbeiten und auch gerne etwas für den Umwelt- und Naturschutz tun möchten. Das Besondere an meinem FÖJ ist, dass es eine Verknüpfung von verschiedenen Aspekten ist: die Arbeit mit Menschen und das alles im Einklang mit dem Wald – ein sozio-ökologisches Jahr eben! Die Zeit zwischen Schule und Universität eignet sich einfach perfekt – nehmt diese Erfahrungen mit, sie sind wertvoll. Und ganz nebenbei wird das FÖJ als Wartesemester und als Praktikum angerechnet. Es lohnt sich in jedem Fall!

Eigene Zusammenstellung nach: www.marienschule-fulda.de/.../Faecher/2014-2-Trappenkamp-Pflueger-Theresa.pdf

✶ Writing Part 3: Mediation – Volunteer Gap Year

Your English-speaking friend Kim would like to spend a year doing volunteer work in Germany. He/She is looking for ideas of what to do and has asked you for help.

- Read the two reports which you have found on the Internet.
- Choose **one** report.
- Write an e-mail to your friend Kim telling him/her what the volunteer does/did and mention at least four aspects about the work and the experience.
- Do not translate word for word.
- Write complete sentences.

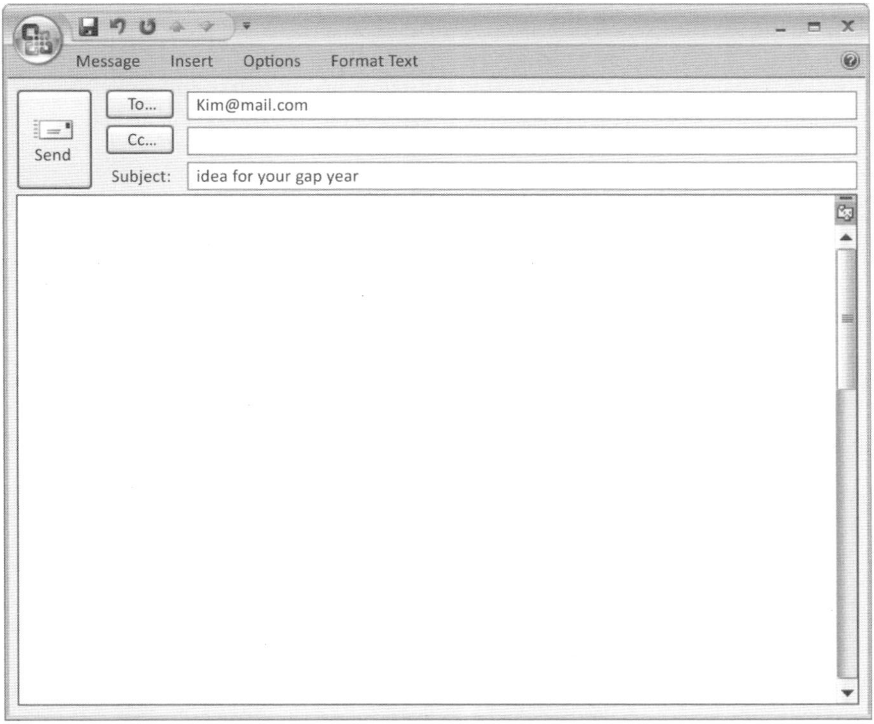

Inhalt:	/ 4 P	Sprache:	/ 4 P	Gesamt:	/ 8 P

Lösungsvorschläge

Listening Part 1: Short Messages

Message One

As usual Rihanna puts the whole world to shame when it comes to dressing – even when the singer is getting her teeth seen to. Who dresses this well for a visit to a doctor? Oh yes, Rihanna.
She was seen out in the Big Apple – you know, even Rihanna's dentist works in a cool place like Manhattan. She was wearing brown leather trousers with an oversized, furry jacket, a black baseball cap, and a baggy T-shirt, but still managed to look awesome and turn heads.
And she's got a lovely set of pearly white teeth to match.
RiRi has been loving her baggy T-shirts of late – and this time she wore one with a picture of the late Princess Diana and the title 'Princess of Wales'. The royal's birth and death years, 1961–1997, were printed on the front as well.
We imagine everyone will now be googling where to buy it.
She matched her top with thigh-high jean boots, which – we'd like to point out – are worth more than £ 2,000. *(gulp)*
No one can say that Rihanna doesn't put the effort in when it comes to looking cool.

1. C

   Hinweis: *"even when the singer is getting her teeth seen to. Who dresses this well for a visit to a doctor?" (Z. 1–3); "even Rihanna's dentist works in a cool place" (Z. 4/5)*

2. A

   Hinweis: *„with a picture of the late Princess Diana" (Z. 9/10)*

Message Two

Hello, Kyle. It's Abe, calling about the vintage Philco radio you bought online from me last weekend. You're really lucky to have found such a unique item, my Ol' Betty. It really must be handled with care, so I can understand that you don't want me to mail it to you.
About the pick-up on Saturday: You wrote that you don't own a car. That's okay, because there's a bus – bus 73 from Atlanta – that gets in to the bus station here in Mason just before noon on Saturdays. Directly across the street there is a police station – Cobb County Police Station. I'll park in front of it. Let's meet there. *(jokingly)* You can never be too safe these days, you know.

I'll be coming from the hairdresser's and I'll be wearing boots and a long, light brown jacket. But you'll probably recognize me most by my dark hair and full beard. I don't wear glasses, don't have a tattoo or earring or anything like that. Man, I sure am glad that my Ol' Betty is going to be in good hands. Listen, I've got to go now, but you can call me if anything comes up. See you on Saturday then.

3. C

   Hinweis: *"Directly across the street there is a police station ... I'll park in front of it. Let's meet there." (Z. 7/8)*

4. C

   Hinweis: *"you'll probably recognize me most by my dark hair and full beard. I don't wear glasses" (Z. 11/12)*

Listening Part 2: Radio Ads

Ad 1: Less Meat

Male: Millions of people all over the world go hungry while we waste our land and water resources. Did you know that raising animals for human consumption uses eight times as much water as growing fruits, vegetables and grains? And that the same amount of land can produce seventeen times more soybean protein than meat protein? For great vegetarian recipes, write People for the Ethical Treatment of Animals, that's PETA, Norfolk, Virginia 23510. Thanks.

5. F

   Hinweis: *Dass es in der ersten Anzeige um die Problematik des Welthungers geht, wird bereits in Zeile 1 deutlich ("Millions of people all over the world go hungry"). Dass ein geringerer Fleischkonsum hier Abhilfe schaffen könnte, erkennst du entweder an dem Hinweis „For great vegetarian recipes" (Z. 5) oder an der Erklärung, "raising animals for human consumption uses eight times as much water as growing fruits, vegetables and grains ... the same amount of land can produce seventeen times more soybean protein than meat protein" (Z. 2–5).*

Ad 2: Cell Phone

Male: If you drive with a cellphone in one hand, expect a ticket in the other. That's right: Get caught talking, texting, or surfing the Web while driving in Illinois, you now face a fine of $ 75 or more. And any crash involving use of a handheld electronic device can send a driver to prison. Illinois Tollway, Secretary of State, IDOT State Police and AAA (Triple A) remind you: Drop it and drive. Using a handheld cellphone while driving is now illegal in Illinois. Learn more at dropitanddrive@illinois.com.

http://multimedia.illinois.gov/iisradio/dropitanddrive.mp3 (05. 04. 2016)

6. C

Hinweis: *Die Botschaft der zweiten Anzeige zu verstehen, dürfte dir keine allzu großen Probleme bereiten ("Get caught talking, texting, or surfing the Web while driving in Illinois, you now face a fine of $ 75 or more."; Z. 2/3). Jetzt musst du nur noch schlussfolgern, dass die Nutzung eines „handheld electronic device" (Z. 3/4) während des Autofahrens verboten wird, weil sie vom Fahren ablenkt (vgl. C: „Pay attention").*

Ad 3: Rating Video Games

Female: With video games, I'm often choosing between what my kids want and what I think is best for them.

Kid: Hey, Mom, how about this one?

Female: Hmmm … Rated T for teen with violence and suggestive themes … Let me check the rating summary … Frenetic combat, cries of pain, female warlords expose cleavage?!

Kid: Eh, maybe the other one is better.

Female: Rating summaries are free. Use them and you'll be armed with the world's most powerful weapon – knowledge.

Male: For more information, go to esrb.org

http://www.esrb.org/about/media_library.aspx (05. 04. 2016)

7. D

Hinweis: *"I'm often choosing between what my kids want and what I think is best for them." (Z. 1/2); "Rating summaries are free. Use them and you'll be armed with the world's most powerful weapon – knowledge." (Z. 8/9)*

Ad 4: Fake ID

(sound of people celebrating)

Male: So, you've got one of those fake IDs and you're planning on going to the bar this weekend with your friends? Know the facts first. In Illinois, if you get caught with a fake, your actual driver's license will be suspended for one year. It can also mean up to three years in prison and a $ 25,000 fine. In fact, in the last two years, more than 1,200 people have had their driver's licenses suspended for using or making fakes. And if you're thinking about going to the same overseas company your buddy found on the Internet to get a good-looking ID, don't. By providing your information to these questionable businesses, you may become a victim of identity theft. The consequences of using fakes are real, and the penalties are severe. It's not worth the risk – because it's not just about losing a fake ID, it's about losing your identity and your actual driver's license.

Female: This message is brought to you by the Office of the Illinois Secretary of State.

http://multimedia.illinois.gov/iisradio/fakeidFINAL.mp3 (05. 04. 2016)

* 8. A

Hinweis: *"if you get caught with a fake, your actual driver's license will be suspended for one year. It can also mean up to three years in prison and a $25,000 fine." (Z. 2–5); "The consequences of using fakes are real, and the penalties are severe." (Z. 10/11); "it's not just about losing a fake ID, it's about losing your identity and your actual driver's license." (Z. 11–13)*

Listening Part 3: Comic Heroes

Mr. Fantastic

My favorite comic hero? Hands down – it's Mr. Fantastic! He's been around forever – since the early 60s – and he's one of the most intelligent comic figures around. In his mid-20s he invents a spacecraft which takes him and three friends into space, where they are bombarded by cosmic radiation. When the crew returns to Earth, they find their bodies have changed dramatically. Mr. Fantastic is able to stretch his body into any shape he wants, for example, to flatten himself into a parachute or to form his hands into hammers.

One of the many unusual characters he encounters is Doctor Doom – once a fellow student of Mr. Fantastic's and later his arch-enemy. Doctor Doom swears revenge when he is wounded in an accident that leaves a scar on his face. For this accident he blames Mr. Fantastic.

What makes Mr. Fantastic so likeable is that not only is he the leader of a team of superheroes, but he is also a family man: he's married to another member of the team, and he is the father of a highly intelligent daughter and a son with superpowers himself. Sometimes, though, he is so obsessed with science and can get so focused on a challenge that he forgets about his own family.

Storm

In my opinion, the greatest comic book hero is a heroine, and her name is Storm. In fact, she is the first black female superhero in the world of comics.

Ororo "Storm" Munroe is the daughter of an African tribal princess from Kenya but grows up in New York and Cairo. She's a member of a fictional subspecies of humanity known as mutants, who are born with superpowers. Storm can fly on gales of wind, and she has the ability to control the weather. She can even cast lightning from her fingertips. So cool!
Now, there are downsides to having the ability to manipulate the weather, too. Storm's powers over the weather are affected by her emotions. So, if she can't control her emotions, a fit of rage could bring about a destructive storm. Could be very bad news for those around her. Also, Storm suffers from panic attacks in enclosed spaces.
Storm has seen more than her share of hardship and trauma throughout her life, and yet, she's got natural leadership skills. I really admire her. Her aim is to protect her people, and the Earth – and she does an awesome job.

Hawkeye

Sure, there's Superman, Spider-Man, and all those other hotshots, but no one beats Hawkeye.
Hawkeye's real name is Clint Barton. He grows up an orphan and runs away to join the circus, where he trains to become a star attraction as a master archer. As a result of years of dedicated training – first by criminals and later by superheroes – he is an exceptional fencer, a talented acrobat, an expert tactician and martial artist. And, yet, Hawkeye has no superhuman powers.
Being human means making mistakes. His problem is that he doesn't learn from his mistakes. He's had his fair share of messy romantic relationships: Black Widow, Scarlet Lady … He is unlucky in love – always falling for the wrong women. Hawkeye has plenty of evil villains and enemies to fight, the greatest of which is Crossfire, a former CIA agent. Hawkeye ruins Crossfire's plan for world domination, and ever since Crossfire has held a huge grudge against Hawkeye. Crossfire even puts a price on Hawkeye to have his arm cut off. Without his arm Hawkeye wouldn't be able to exercise his outstanding skills.
So, what do I like so much about Hawkeye? Well, he is a bad guy turned good and now uses his strength to do good. Isn't that great!

9. stretch body (into any shape) (Z. 6)/flatten body into a parachute (Z. 6/7)/ form hands into hammers (Z. 7)

✶ 10. wounded in an accident/blames Fantastic for accident/scar (on his face) (Z. 10/11)

11. superhero team leader (Z. 12/13)/family man (Z. 13)

12. (can) fly (Z. 5)/control the weather (Z. 6)/cast lightning (Z. 6/7)

13. powers affected by her emotions (Z. 9)/(suffers from) panic attacks (in enclosed spaces) (Z. 11/12)

14. natural leadership skills (Z. 14)/protects people and Earth (Z. 14/15)

15. no superhuman powers (Z. 7)/doesn't learn from mistakes (Z. 8/9)/falls for the wrong women (Z. 10)

* 16. ruins plan for world domination (Z. 12/13)

17. bad guy turned good (Z. 16)/uses strength to do good (Z. 17)

Listening Part 4: Robots and Us

Host: Good evening, I am Hannah Ferguson and I'd like to welcome you to our weekly edition of *TechTalk.* As usual I have a special guest here with me in the studio. Let's welcome Professor Rashid Khan from the University of California, Berkeley, who is doing research on human-robot interaction. Good evening, Rashid.

Rashid: Good evening, everybody. Thanks for inviting me.

Host: Before we open our telephone lines to our listeners, let me describe something I saw on YouTube the other day. A really heart-breaking scene: an elderly Japanese couple are concerned about their pet dogs Ai, 15 years old, and Doggy, 13, who – because of their advanced age – have severe health problems. One can't walk well any more, and the other has a stiff neck, to name but a few of their problems. Their owners, Tomoko and Sadao, are desperate and in tears because they have to watch their dogs slowly fading away. They can find no remedy for their dogs' ailments … You may be wondering what this has to do with *TechTalk,* but I can see Rashid smiling … Rashid, you seem to know about Tomoko and Sadao's problem …

Rashid: Yes, they are not looking for medical help but rather mechanical help. Spare parts. The case is well known: Ai and Doggy, they are AIBOs, robot dogs produced in Japan between 1999 and 2006. By the way, AIBO stands for "Artificial Intelligence Robot", and is the Japanese word for partner.

Host: And partners they are. The owners are extremely attached to their robot dogs. So it seems that even a robot dog is a man's best friend.

Rashid: Well, there was a lot of hype around them when they were first launched onto the market. Robots for private people were not very common back then: They were supposed to be the future of pets … no digestion, no walking the dog in the rain, and yet company and companionship … but they are not very sophisticated, not state of the art anymore.

Host: Yes, they don't actually look real at all. They are shaped like dogs but look like robots, lots of metal, definitely machines, just funny gadgets, I thought …

Rashid: That's why the manufacturer has stopped maintaining them. So Ai and Doggy cannot be repaired any more, replacement parts are extremely hard to find. They are, in a way, dying. Something their owners could never have imagined. And they are truly sad and heartbroken after having lived with their robot pets for such a long time.

Host: Ah, and I see we have our first caller on the line … Hello!

Jeremy: Hi, my name is Jeremy, and I remember AIBOs and Tamagotchis and all that stuff very well, but isn't it a little weird when you react like the Japanese couple towards something obviously inanimate like a stupid AIBO?

Rashid: No, Sadao and Tomoko are not weird at all, they are no exception to …

Host: Sorry for interrupting you, Rashid, but there is another caller on the line. Let's hear what Samira has to say …

Samira: Hi there! I'd like to support what Rashid just said. You see, I work in a nursing home for people suffering from dementia. There, we use cuddly toy seals to brighten up the patients' lives. And it works. The seals have big brown eyes and white fake fur. All they do is make some sounds, wag their tails, and blink at you when you stroke them: you should see how our patients' faces beam! They smile, seem to be happier … They don't mind stroking a fake animal which shows some kind of artificial reaction. In fact, they enjoy it. It works. It's amazing!

Rashid: Yes, I know several projects like this. Although we know that an object is not a living being, there are two aspects that sort of trick us into reacting emotionally. Firstly, this thing somehow resembles a living being with a face – and the eyes are especially important. Secondly, this thing reacts to us. We humans are communicative beings. We naturally "like" reaction.

Samira: And isn't this something quite natural? We all have emotional interactions with technology in our lives. Just yesterday when my computer crashed! You should've heard me shouting.

Host: Yeah, I can relate to that.

Rashid: Well, we are increasingly exposed to robots in our daily lives. In the future, we'll be short of carers in hospitals and old people's homes, for example. We will need more robots, and as a consequence, there'll be more human-robot interaction. But little is known about how these lifelike machines affect our emotions. And this is precisely what I am looking at in my research.

Host: Hmm, well, while preparing for this show, I realized that there is a lot of material which deals with how we can program robots to have feelings, but there isn't much material on how <u>we</u> feel towards robots.

Rashid: Well, there is scientific research. For one study, scientists tried to measure how people responded to robots on an emotional and neurological level. Volunteers were shown videos of a small dinosaur robot being treated either affectionately or violently. In the affectionate video, people hugged and tickled the robot, and in the violent video, they hit or dropped it. The viewers' reactions were measured, and the experiment showed that people's emotions were almost the same as if they had seen the same being done to a human, that the brain reacts in much the same way whether a person witnesses love for or violence against a robot or a human.

Host: And the robot was only a toy. How strong will our feelings become when there are even more humanlike robots living with us in our homes?

Rashid: Do you mean we could even fall in love with them? Why not? Always beautiful, always kind … easy to fall in love with.

Host: What a discomforting thought. And there are definitely other people out there who think that such a strong bond between a robot and a human is unhealthy. The question is whether we should take action to avoid this. We'll take a closer look after the break.

(music)

18. B

Hinweis: *"an elderly Japanese couple are concerned about their pet dogs … who … have severe health problems … Their owners … are desperate and in tears because they have to watch their dogs slowly fading away. They can find no remedy for their dogs' ailments …" (Z. 8–14)*

19. C

Hinweis: *„AIBOs, robot dogs produced in Japan between 1999 and 2006" (Z. 18/19); "That's why the manufacturer has stopped maintaining them." (Z. 30)*

* 20. B

Hinweis: *"isn't it a little weird when you react like the Japanese couple towards something obviously inanimate" (Z. 37/38)*

* 21. A

Hinweis: *"we use cuddly toy seals to brighten up the patients' lives." (Z. 43/44); "you should see how our patients' faces beam! They smile, seem to be happier …" (Z. 46/47)*

* 22. C

Hinweis: *"But little is known about how these lifelike machines affect our emotions. And this is precisely what I am looking at in my research." (Z. 62/63)*

* 23. C

Hinweis: *"the experiment showed that people's emotions were almost the same as if they had seen the same being done to a human, that the brain reacts* *in much the same way whether a person witnesses love for or violence against a robot or a human." (Z. 72–75)*

24. A

Hinweis: "Do you mean we could even fall in love with them? Why not?" (Z. 78)

* 25. B

Hinweis: Die Frage 25 bezieht sich auf die Gesamtaussage des Textes. Darum, dass Roboter den Menschen überlegen sein werden, geht es im Text gar nicht, Antwort C scheidet also aus. Obwohl Hannah Ferguson es als „discomforting" (Z. 80) bezeichnet, dass Menschen sich in Roboter verlieben könnten, sind es nicht die Roboter selbst, die als „creepy" dargestellt werden, sondern die menschlichen Reaktionen auf sie. Die starken Gefühle, die Menschen gegenüber Robotern empfinden können, sind also das Hauptthema des Textes (vgl. Z. 21, 33/34, 67–75, 78).

Reading Part 1: What to Do in and around New Orleans

1./2. B, D

Hinweis zu Jazzy: "Being in the cradle of her favorite music – jazz – she definitely has to see some of her old-age idols performing in person." Jazzy ist ein großer Jazz-Fan und würde vor allem ältere Jazzlegenden gerne live spielen hören.

"a boat tour of New Orleans ... She would like to combine this with some sweet tunes and good food." Außerdem interessiert sie sich für eine Bootstour.

→ activity B: „steamboat cruises ... along the Mississippi River"; "enjoy views of New Orleans from the river and feast on traditional Creole cuisine. Live jazz is played on all cruises." Diese Unternehmung passt besonders gut zu Jazzy, da alle ihre Wünsche erfüllt werden: Sie kann eine Bootstour machen, dabei Jazz hören und sogar noch etwas essen.

→ activity D: „jazz venue"; „hear veteran musicians in their 70s and 80s play New Orleans Jazz." In der Preservation Hall kann man ältere Musiker Live-Jazz spielen hören.

3./4. E, F

Hinweis zu Alejandro: "wants to see what makes their carnival so different. Maybe he can learn from the people who design and make such crazy outfits" Alejandro interessiert sich vor allem für den Karneval von New Orleans.

"getting out of the city for the day to explore its surroundings. He loves the thrills nature has to offer." *Außerdem möchte er gerne aus der Stadt herauskommen und die Natur, besonders die spannenden Seiten der Natur, erleben.*

→ *activity E: „go behind the scenes of one of America's most renowned celebrations."; "you can watch artisans as they work on their creations for next year's big bash." Hier kann Alejandro sehen, wie die Karnevalskostüme hergestellt werden und insgesamt etwas über den Karneval erfahren.*

→ *activity F: "Visit the Manchac Swamp, and as your boat drifts through the waterways, you will learn about the Louisiana Wetlands, the inhabitants of the swamp – particularly the life and habits of the American alligator." Bei einer „Cajun Swamp and Plantation Tour" kommt man nicht nur aus der Stadt heraus, sondern kann vielleicht sogar Alligatoren begegnen. Das passt also zu Naturfan Alejandro, der gerne auch etwas Spannendes erleben will.*

5./6. A, G

Hinweis zu Alisha: *"she would like to have a relaxed start over a traditional New Orleans breakfast and enjoy the lively street life." Alisha würde gerne mit einem gemütlichen Frühstück in den Tag starten.*

"Alisha likes nature and wildlife. She would go someplace where she can learn more about various species – especially the ones you can't easily find in the wild any more." Außerdem mag sie Tiere und interessiert sich vor allem für seltene Tierarten.

→ *activity A: "The perfect day begins here."; "this world-famous institution offers the original beignet ..., the state donut of Louisiana."; "Be there first thing in the morning to nab an outside table overlooking Jackson Square" Hier kommt Alisha auf ihre Kosten, weil sie frühstücken und dabei die Atmosphäre der Stadt genießen kann.*

→ *activity G: "More than 1,300 creatures live at the Audubon Zoo, including ... a family of extremely rare white alligators." Seltenen Tierarten kann man im Zoo begegnen.*

7./8. F, G

Hinweis zu Jonathan: *"he and his wife are interested in the history of the region, especially the places where slaves lived and worked, his kids love dangerous animals. He hopes to find a tour which makes everybody happy." Jonathan will mehrere Vorlieben unter einen Hut bringen: die Geschichte der Sklaverei für sich und seine Frau und gefährliche Tiere für seine Kinder.*

„take them to some place where they cannot only see animals, but also touch them." Außerdem sollen seine Kinder auch die Gelegenheit bekommen, Tiere zu streicheln.
→ *activity F: "From two different perspectives, you can enjoy a unique journey back to the early days of Louisiana on this combination tour."; "you will learn about ... the inhabitants of the swamp – particularly the life and habits of the American alligator."; "You'll also visit your choice of two historic Louisiana plantation homes ... and get a unique insight into the days of slavery." Dieser Ausflug ist perfekt für die beiden Vorlieben (Geschichte und Tiere) von Jonathans Familie geeignet.*
→ *activity G: „breakfasts where kids get hands-on time with favorite animals." Im Zoo erleben Kinder „hands-on time" mit Tieren, d. h., sie können ihnen sehr nahe kommen und sie sogar anfassen.*

9./10. C, D
***Hinweis zu Zainab:** „spooky places that have a long history." Zainab und ihre Tochter wollen sich ein bisschen gruseln.*
„enjoy the nightlife without all the usual drinking and smoking." Außerdem wollen sie an einem rauch- und alkoholfreien Ort das Nachtleben genießen.
→ *activity C: „the eerie walls of Lafayette Cemetery No. 1" Der Lafayette-Friedhof wird als „eerie", also „gruselig" beschrieben.*
→ *activity D: „a kid-friendly jazz venue ... where the motto is 'No smoking, drinking. All ages.'" Hier kommen Zainab und ihre Tochter auf ihre Kosten, da die Preservation Hall rauch- und alkoholfrei ist.*

Reading Part 2: Short Texts

* 11. C
***Hinweis:** "you're helping a little girl get dance lessons, a little boy his team jersey, mams and dads put food on the table. Shop local."*

* 12. A
***Hinweis:** Die Erwähnung von Robotern ist hier ironisch gemeint: Das Personal ist menschlich und sollte deshalb nicht gehetzt oder unfreundlich behandelt werden ("our staff are human and may react unpredictably when rushed or abused!").*

13. A
***Hinweis:** "We accept donations of used bicycles"*

14. D
***Hinweis:** "exit building before tweeting about it"*

15. D
Hinweis: *"Help a child achieve"; "You could dramatically improve a child's chances in life by helping them read in schools."*

16. C
Hinweis: *"stop being afraid of: other races other religions other sexual preferences other gender identities other immigrants"*

Reading Part 3: How Fake Images Change Our Memory and Behaviour

17. D
Hinweis: *"All these images are fake." (Z. 3)*

* 18. C
Hinweis: *"But human memory is far more like an illusion than a transcript – as we remember the past, we are really just making meaning out of the bits and pieces of sights, smells and sounds we think we remember." (Z. 7–10)*

* 19. B
Hinweis: *"fake images surround us, and our minds accept these pictures as real, and remember them later. These fake memories don't just affect how we see our past, they affect our behaviour too" (Z. 15–17)*

20. B
Hinweis: *"After seeing those images, 50 % of these people recalled some part of that hot-air balloon ride – though the event was entirely made up." (Z. 21–23)*

* 21. A
Hinweis: *"Despite not actually having seen their partner cheat, 20 % of participants were willing to sign a witness statement saying that they had." (Z. 28/29)*

* 22. C
Hinweis: *Hier musst du nach dem Ausschlussprinzip vorgehen: A („business and marketing") findest du z. B. in Zeile 36 im Wort „advertisements". Auch die manipulierten Bilder von Restaurants, die idealisierten Models und die College-Fotos, die größere Diversität ausdrücken sollen, dienen letztendlich Werbezwecken (vgl. Z. 37–40). A lässt sich also ausschließen. "magazines make their models skinnier and blemish-free" (Z. 38/39) spielt noch einmal direkt auf „fashion and beauty" an, auch B fällt also als richtige Lösung weg. Lösung D („politics and society") wird in den Zeilen 36 und 37 („political campaigns") sowie 39 und 40 ("politicians put people into photographs*

to make their … crowds look more diverse.") erwähnt. Bleibt als richtige Antwort also nur Lösung C.

* 23. D

Hinweis: *"people trust photographs." (Z. 42); "people trust photographs so much that they actually place more weight on information that is accompanied with an image" (Z. 44–46)*

* 24. D

Hinweis: *"we're really bad at telling fake photographs from real ones" (Z. 49/50); "When presented with doctored images, humans are bad at telling which ones are fake and which are real." (Z. 53/54); "Over time we may remember the image but not remember knowing that it's doctored." (Z. 57/58)*

* 25. B

Hinweis: *Im Artikel geht es darum, wie leicht unsere Erinnerungen manipuliert werden können (vgl. z. B. Z. 11/12: "how unreliable our own memories are. Memories are also quite easily manipulated and rewritten."). B passt also am besten.*

Writing Part 1: Your Photo

Hinweis: *Sieh dir das Bild genau an, damit du auf die Chatnachricht deines Freundes James antworten kannst. Natürlich gibt es hier zahlreiche richtige Lösungen, aber du solltest darauf achten, dass du alle Fragen beantwortest, die James an dich gestellt hat (Wo? Wer? Was passiert?), und dass deine Lösung zu dem Bild passt.*

Beispiellösung:

I took this photo in Berlin when I wanted to go to Prenzlauer Berg by tram. Unfortunately, the tram took a wrong turn and suddenly, we were stuck without electricity in the wrong place. So, all of us got out and helped push the tram back to the right track. Except for me, I prefer taking photos. (57 words)

Writing Part 2: Lying

Hinweis: *Auch hier muss deine Antwort natürlich nicht der abgedruckten Musterlösung entsprechen. Der Blogeintrag von HonestApe gibt aber durch die enthaltenen Fragen vor, welche Themen du ansprechen solltest: Wie würdest du reagieren, wenn du einen guten Freund/eine gute Freundin beim Lügen ertappen würdest? Warum lügt man in manchen Situationen, z. B., wenn man behauptet, es gehe einem gut, obwohl das nicht stimmt? Ist das akzeptabel? Gibt es auch noch* *andere Situationen, in denen Lügen in Ordnung sind? Wie wäre es, wenn alle immer die Wahrheit sagen würden?*

Beispiellösung:

Dear HonestApe,

Luckily, I've never caught a real friend lying to me. I think if I did, it would probably be the end of our friendship because I couldn't trust him or her any longer. But of course, I mean really lying. There are also white lies and these are sometimes OK. For example, if a friend of yours has been to the hairdresser's and looks ridiculous, and you don't tell him, it might be fine. But if all the others burst out into laughter when they see him, you should perhaps better have told him.
I think it depends on how close your friendship is. When you know someone very well, you also know how to tell them unpleasant things – without hurting them too much. I think this is why people don't always tell the truth: they don't want to hurt others.
Or like the example you mentioned when you tell someone you are fine when you are not. With people you don't know well, that is OK I think. However, with real friends, we should be able to tell them how we really feel.
But just imagine if you told your teacher what he looks like on Monday morning … you might even get into trouble for telling the truth. If people lie to you, always think of the intention. Perhaps they just didn't want to hurt you or wanted to be polite.

Best regards,
Dennis (238 words)

✶ Writing Part 3: Mediation – Volunteer Gap Year

Hinweis: *Hier kannst du aus zwei Artikeln einen auswählen, über den du deinen Mediationstext verfassen willst. Sandra hat in einem Waldorf Kindergarten gearbeitet, Mehmet arbeitet in einem Erlebniswald. Du solltest dich für den Artikel entscheiden, bei dem es dir leichter fällt, mindestens vier Hauptaspekte der Arbeit auf Englisch wiederzugeben. Das können Tätigkeiten sein, die der/die Freiwillige während seiner/ihrer Arbeit ausgeübt hat bzw. ausübt, oder Gedanken darüber, wie er/sie die Arbeit beurteilt. Die Lösungen hier sind absichtlich etwas ausführlicher gestaltet, in deiner eigenen Lösung reichen vier Hauptaspekte. Vergiss nicht, dass du eine E-Mail an eine/n Freund/in schreiben sollst, deinen Text also in passende Einleitungs- und Schlussformeln einbetten musst.*

Beispiellösung zu Sandra:

Hi Kim,

I've just read an interesting report about Sandra, who did a volunteer gap year in a kindergarten in Berlin, which she liked a lot. During her work, she supported two kindergarten teachers and helped 16 children with their daily activities. She was quite free in her work and could decide what kind of jobs she would like to do. What she especially appreciated was that the kids in that special kind of kindergarten, which is called Waldorf, were always helped and supported by the teachers. There was also a good cooperation between parents and kindergarten teachers. Furthermore, Sandra took part in seminars where she could exchange her experiences with other volunteers. These seminars were a welcome change from the rather strictly planned routine in the kindergarten.
What about doing a job like that in a kindergarten? I look forward to hearing about your plans.

Hugs,
Celine

(148 words)

Beispiellösung zu Mehmet:

Hi Kim,

I've just read an interesting article about Mehmet, who is doing an ecological gap year at an adventure forest. That's a huge leisure area where people can see local animals and even a butterfly garden. Mehmet works and lives on the premises. He does lots of activities with families and kids and also prepares these. For instance, he guides guests through the forest or does handicrafts with them. Another chore is doing gardening in the butterfly garden. A special highlight was a big Christmas event in the forest. In Mehmet's view, working in the adventure forest is a great opportunity to do environmental work outside and gain a lot of experience.
If you also like working with people and nature, maybe this is something for you! I look forward to your answer.

Regards,
Peter

(136 words)

Listening Part 1: Voicemail Messages

- You are going to hear four people reacting to pictures which were sent in an online chat.
- Look at the pictures and then listen to each message.
- Decide which picture each speaker reacts to and put a tick (✓) in the right box.
- You will hear the recording twice.

Message One

1. Which picture does the speaker react to?

A ☐

B ☐

C ☐

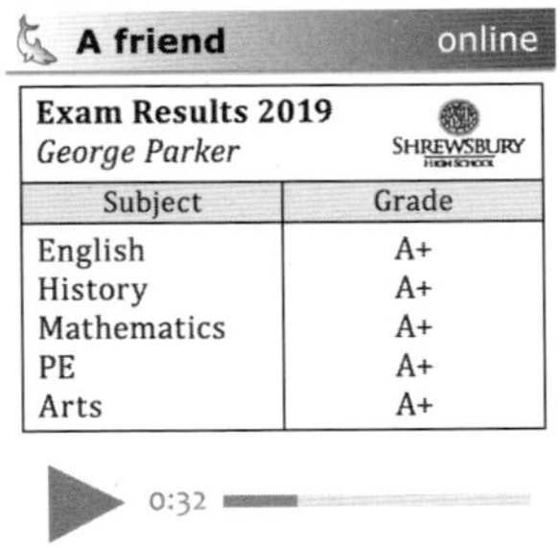

Exam Results 2019
George Parker
SHREWSBURY

Subject	Grade
English	A+
History	A+
Mathematics	A+
PE	A+
Arts	A+

D ☐

Message Two

2. Which picture does the speaker react to?

A ☐

B ☐

C ☐

D ☐

Message Three

* 3. Which picture does the speaker react to?

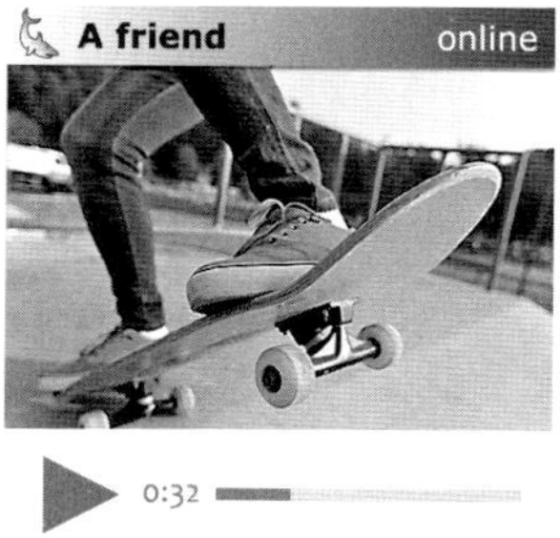

A ☐

B ☐

C ☐

D ☐

Message Four

4. Which picture does the speaker react to?

A ☐

B ☐

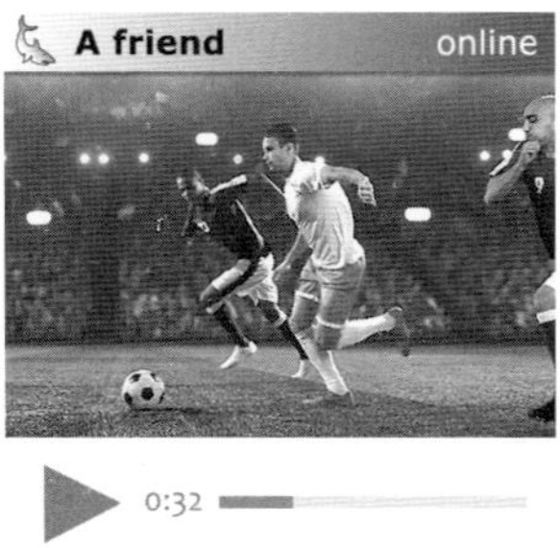

C ☐

D ☐

Listening Part 2: Radio Ads

Please note: You do not need to understand every word to do this task.

- You are going to hear four radio ads.
- You will hear the recording twice.
- Read the slogans below first, then listen to the recording.
- For each ad choose the correct slogan from the list (A–F) and put a tick (✓) in the right box.
- There is only one correct slogan for each ad.
- Two slogans can't be matched.

A Shape your body – shape your future.
B These gadgets are worth a thousand eyes.
C Pay for what you get – don't be a thief.
D Whatever you've got in mind, we've got inside.
E Don't support cheating – get the real thing.
F Be responsible – take your time to recover from an injury.

		Slogan					
	Radio Ads	**A**	**B**	**C**	**D**	**E**	**F**
5.	Radio Ad 1						
*6.	Radio Ad 2						
*7.	Radio Ad 3						
8.	Radio Ad 4						

Listening Part 3: Cheap Ways to Travel

- You are going to hear three people talking about cheap ways to travel.
- You will hear the recording twice.
- Complete the table below. Use 1 to 5 words or numbers for each answer.

	How they got the idea	**Tasks they had to do** *(Name one.)*	**Likes** *(Name one.)*	**Dislikes** *(Name one.)*
House Sitting 	9.	10.	11.	
WWOOFing 		12.	13.	★14.
Cargo Ship Cruising 	15.		16.	17.

Listening Part 4: Space Travel

- You are going to hear a radio programme.
- There are three speakers: Jenny Robinson (the host), Tony Lehane (a rocket scientist) and Marion Porter (a student).
- You will hear the recording twice.
- Read the statements below first, then listen to the recording.
- Put a tick (✓) in the box next to the correct statement.
- Only one statement is correct in each case.

18. Before the guests are introduced, we hear …
    A ☐ a news report.
    B ☐ a company commercial.
    C ☐ flight safety instructions.

19. Marion would like to be an astronaut because …
    A ☐ it has always been her dream.
    B ☐ she wants to be the first woman on the Moon.
    C ☐ she wants to follow in her parents' footsteps.

* 20. Marion thinks that space tourism …
    A ☐ is a waste of money.
    B ☐ needs more research.
    C ☐ will become a reality.

* 21. Tony has booked a trip to space because …
    A ☐ he wants to explore new territory.
    B ☐ he needs to check the safety features on board.
    C ☐ he wants to promote spaceflights on social media.

* 22. According to Tony space travel …
    A ☐ is expensive at present.
    B ☐ will increase in the future.
    C ☐ both A + B

* 23. The preparation course focuses on how …

A ☐ to operate the equipment on board.

B ☐ to behave when weightless.

C ☐ to cope with fear of flying.

* 24. To make space tourism more environmentally friendly, Tony says his company …

A ☐ aims to improve their technology.

B ☐ will offer a limited number of flights.

C ☐ donates money to environmental projects.

* 25. The "overview effect" is …

A ☐ the superior mental state that astronauts may feel when in space.

B ☐ the point of view used in photography to make the Earth look beautiful.

C ☐ the motivational kick we need to save humanity from extinction.

Listening: Candidate Answer Sheet   Name: ____________________

For students: Put a tick (✓) in the correct box.

Part 1: Voicemail Messages

Number	A	B	C	D
1				
2				
*3				
4				

/ 4 P

Part 2: Radio Ads

		Slogan					
Number	**Radio Ads**	**A**	**B**	**C**	**D**	**E**	**F**
5	Radio Ad 1						
*6	Radio Ad 2						
*7	Radio Ad 3						
8	Radio Ad 4						

/ 4 P

Part 3: Cheap Ways to Travel

Die Ergebnisse müssen nicht übertragen werden (***14**).

/ 9 P

Part 4: Space Travel

Number	A	B	C
18			
19			
*20			
*21			
*22			
*23			
*24			
*25			

/ 8 P

/ 25 P

Reading Part 1: What to Do in and around Cape Town (South Africa)

- These people (a–e) are looking for something to do in and around Cape Town.
- First read the information about the people, then look at the descriptions of things to do (A–G) on pages 10 to 12.
- In each case find the **two** activities the people would do. Write the letters of the activities in the boxes next to the people's names.
- Some of the activities can be chosen more than once.

	Activity		**The people**	
No.	**1**	**2**		
1/2				a) Oh boy – can you imagine sitting in a tiny cell with a killer circling around you? **Hiyam** can. In fact, she has always wondered how it would feel to be just metres away from these dangerous creatures. Besides enjoying a good thrill, she's also into painting. She likes to see the works of others. A short stroll in the neighbourhood where some local resident shows her around would be a nice way to end the day.
3/4				b) Twenty years ago **Connor** worked for a non-governmental organization in Cape Town. Now he is here as a tourist for a week and wants to see how the housing situation in the city has changed. Besides, he would like to bring back the memories of the tastes and sounds he once enjoyed so much. Combining this with getting to know real Cape Towners would be the icing on the cake.

5/6				c) Everything **Romina** knows about South African history she learned at school. Now she wants to see with her own eyes how the living conditions in Cape Town have improved over time. She also cares for ecological topics and would like to join a tour which shows her the diversity of South Africa's animal kingdom.
7/8				d) Exploring the area has to come with a physical challenge for **Joan**. So she is looking for a guided trip in the countryside she could do with her best friend. The next day she would like to learn more about the darkest chapter of Apartheid South Africa – how life must have been for the people who were oppressed and locked up in jail.
9/10				e) **Eli** has read all about the "king of the animals", his majestic attitude and his dominance over other species, all of which he wants to see on a tour. Another thing he likes is experiencing visual art – something that has left an imprint on the neighbourhood. Let it be spontaneous and Eli is in.

Street Art Walking Tour 	A) One of Cape Town's oldest suburbs, Woodstock, has undergone a dramatic transformation in recent years from a run-down town filled with litter, crime and drugs to becoming a hip neighbourhood with trendy restaurants, offices and boutiques. A guide who lives in this district will take you on an art walking tour where you will experience what 40 national and international artists have contributed to the community to make it more attractive for investors. Find out about the background stories of more than 100 murals and installations portraying political, educational and ecological topics. *Duration: 1.5–2 hours; advance booking is not necessary*

Robben Island Museum

B) A symbol both of centuries of cruel oppression and the triumph of hope, Robben Island has become synonymous with the former leader of the free and democratic South Africa, Nelson Rolihlahla Mandela, who spent 18 years in its maximum security prison. For nearly 400 years the island served as a place of banishment – not just for supposed criminals but also for many other unwanted members of society. Especially Mandela's claustrophobic cell in the prison is a harrowing reminder of the injustices carried out during the apartheid era, and of the final defeat of the regime.
Opening hours: 7.30 a.m. – 7 p.m. daily;
closed 1 May; book in advance

Township Cultural Tour

C) Journey through the three South Africas: The birth – where it all started, Apartheid South Africa – a dark time of oppression, and, the New South Africa – what has changed since Nelson Mandela was freed from prison. The full day tour provides the extraordinary chance to connect, mingle and share cultural principles with the local community. Visit several townships across Cape Town and learn how life has improved there over time. Look into everyday life in a shack, see how proper house development projects have transformed poor areas to the better or visit local markets and buy some gemstones and handcrafted jewellery.

White Shark Cage Diving

D) The great white shark is notorious for being a marine killer. However, these fascinating creatures are often misunderstood and do not actively seek out human prey. On this tour you can get face to ragged face with this dreaded "king of the seas" and learn about their importance for our ecosystem. You don't need a dive certification as the cage that separates you from the great white rests only a few metres below the surface of the water. Get ready for the marine encounter of a lifetime.
Duration: 11 hours; minimum number of participants: 4 guests; book in advance

Cycle and Wineland Adventure 	E) This is a perfect way to combine some physical activity with seeing the sights around the Cape Peninsula. Enjoy a cycle through the unique vegetation of the Cape Point Nature Reserve, visit the breeding colony of rare African Penguins at Boulders Beach and relax at a scenic picnic lunch. We guide you on the lower slopes offering fantastic panoramic views. This adventure is suitable for experienced cyclists only. Before returning to Cape Town, you tour the historic Constantia Winelands with wine tasting sessions at two premier estates.
Wildlife Safari Tour 	F) This fantastic tour is worth an early start. We head up the N1 Highway, through the incredible Hex River Valley and arrive at the Aquila Private Game Reserve. The diverse environment of the reserve is heaven to passionate wildlife watchers and birders. Giraffes, zebras, lions, rhinos, springboks, just to name a few, as well as 172 species of birds, including the Black Eagle, are found on the reserve. A well informed ranger will lead you on a game drive. A delicious lunch at the lodge rounds off this unique experience.
Cape Town Jazz Safari 	G) Cape Town is an incredibly musical city, which is due to its history and the diversity of people, cultures and sounds that have ended up here. On four nights you are going to visit different local jazz musicians in their homes. There you will spend a musical evening with freshly prepared delicacies of the Cape and talk to the musicians first-hand. Later at night you can witness them perform on stage in their clubs. This is an excellent way to discover more about Cape Town and the lives of the people who live in it – through the music. *Duration: 4 hours (approx. 7 p.m. – 11 p.m.), Mondays, Wednesdays, Fridays & Saturdays*

Reading Part 2: Short Texts

- Look at the text and the statements in each task.
- What does the text say?
- Put a tick (✓) next to the statement that matches the text – **A**, **B**, **C** or **D**.
- There is only one correct statement for each sign.

11.

The shop will be closed because of …

A ☐ a private event.
B ☐ repair work.
C ☐ a public holiday.
D ☐ health problems.

* 12. *Aus lizenzrechtlichen Gründen kann diese Aufgabe nicht abgedruckt werden.*

13. 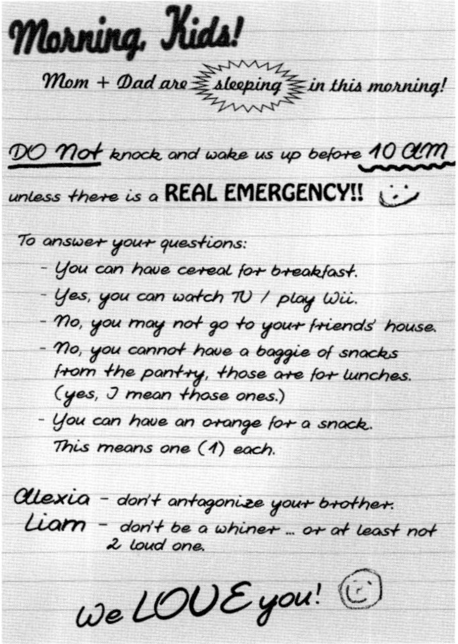

The parents want their children …

A ☐ to serve them breakfast in bed.

B ☐ not to disturb them.

C ☐ to do their household chores.

D ☐ not to forget to do the shopping.

* 14. 

This sign wants people …

A ☐ to donate money.

B ☐ to plant a tree.

C ☐ to join a campaign.

D ☐ to stay off private land.

15.

PROFESSIONAL
BARBER & HAIR STYLIST
WANTED
FOR
ESTABLISHED UNISEX SALON
IN
TRAFALGAR ROAD
GREENWICH
CHAIRS TO RENT
ALSO AVAILABLE
CONTACT CHRIS
02082934411 or 07956279140

Here you can …

A ☐ apply for a job.

B ☐ buy furniture.

C ☐ get a free haircut.

D ☐ donate clothes.

✶ 16.

A ☐ This path is for sheep only.

B ☐ Don't leave your litter behind.

C ☐ Don't pick the flowers.

D ☐ Help to protect this field.

Reading Part 3: Is It Safe to Turn Your Children into YouTube Stars?

- Read the text and the statements on pages 17 and 18.
- Put a tick (✓) in the box next to the correct answer.
- Only one answer is correct in each case.

By now, you know the famous fashion vlogger Zoella. When you hear the word "vlogger", her squeaky-clean, babyfaced brand is exactly what comes to mind. But vloggers are varied. Older, rounder and balder individuals have also amassed millions of views, subscribers, and pounds on YouTube. But they don't do it by filming 20-minute lipstick reviews. Instead, they film their children.

The daily vlogging of family life is nothing new. The Shaytards, an American family with five children and over 3.7 million YouTube subscribers, have recorded every day of their lives for the past eight years. But family vlogging is on the rise and hundreds of Britons are now copying the Shaytards.

Jonathan and Anna Saccone-Joly have been filming their children Emilia and Eduardo literally since the moment of their births. Their daily videos, viewed by 1.1 million subscribers, showcase the realities of family life: cooking, shopping, bathing and eating. Loyal fans follow every move and some younger viewers even write fan fiction about being adopted by the family.

At first glance, it all seems harmless enough. The family earns thousands of pounds a year from adverts and product placements in their videos, neither Jonathan nor Anna need to work traditional full-time jobs. What parent wouldn't want to get paid to spend time with their young children?

However, "parents need to think very carefully about how the material they are filming is available for the world to see in perpetuity," says Prof John Oates, a Senior Lecturer in the Child and Youth Studies Group at the Open University. "Some children are bullied simply because they've been shown on TV," he says. "Footage of a child that might be fine aged two or three could be very distressing if it was available on the blogosphere when they were 12 or 13."

It's worth noting that the children of YouTube probably don't face the same risks that made traditional child stars like Lindsay Lohan or Macaulay Culkin lose control of their lives. Oates explains that the stress of being a child star doesn't necessarily cause this kind of destructive behaviour. He adds if a child has a "secure attachment", meaning they trust the adults around them to be a secure base in times of distress, potential harms can be reduced. Unlike traditional child performers, however, the children of YouTube are currently not protected by any laws or psychological guidelines.

When asked why legal regulations do not apply to YouTubers, a Department of Education spokesperson said: "We trust parents to act in the best interests of their children." Though a nice sentiment, it seems perhaps a little naive, especially when there are financial gains to be made. Without legal protection, there is no guarantee that a child will see a share of these earnings. Nor is there any requirement for a child to consent to being filmed.

Jonathan believes his children do want to be part of his videos, though he admits Emilia, who is three, is more extroverted than one-and-a-half-year-old Eduardo. He talks happily about a recent clip he filmed of her singing in a restaurant. "If she didn't want to do it, she wouldn't have," he says, "My filming isn't directional, it's observational … I don't make the children do anything."

In the Shaytards' video entitled DAD! CUT THAT PART OUT! from April 2014, nine-year-old Avia begs her father to remove part of the video where she talked about flirting with a classmate. "But this is good footage!" her father replies, before she gives in with an exasperated "FINE!". "I promise you, listen, in 10 years from now, you will look back on this video and you'll be like 'that was so cute … I'm so glad I have that memory'," he continues. Hopefully, he's right. But will she be equally happy that 3,108,012 strangers now share that memory with her?

Jonathan also rejects the idea he isn't doing this for his children. "Obviously we're their parents … they have trust funds," he says. "I want my children to have a better life than me."

Oates recognises some of these benefits, that children "may acquire status, financial rewards, and enjoyable exciting experiences", but adds that some form of regulation is needed. YouTube itself could regulate its users, but as yet it's too early to know what the long-term effects on the child stars will be.

Are the parents worried about any impact on their children's futures? "Come back and speak to me and Emilia in 10 years," says Jonathan Saccone-Joly. "I'll put it in my calendar. We'll see then."

Adapted: Amelia Tait: "Is it safe to turn your children into YouTube stars?" The Guardian. *16 Sep 2015, Copyright Guardian News & Media Ltd 2019*

17. Family vlogging …
    - A ☐ is usually done by younger people.
    - B ☐ promotes beauty and fashion products.
    - C ☐ is becoming more and more popular.
    - D ☐ started eight years ago.

18. Jonathan and Anna …
    - A ☐ have adopted a boy and a girl.
    - B ☐ show how hard it is to raise children.
    - C ☐ earn part of their living with their family vlogs.
    - D ☐ are going to publish a book based on fan letters.

* 19. According to Prof John Oates, parents who film their children should …
    - A ☐ think about the long-term consequences.
    - B ☐ stop filming them after they have turned 12.
    - C ☐ talk to their children about problems at school.
    - D ☐ both B + C

* 20. Oates believes that compared to traditional child stars, YouTube children …
    - A ☐ may develop fewer behaviour problems.
    - B ☐ get more professional psychological help.
    - C ☐ have better chances of becoming famous.
    - D ☐ know more about marketing.

* 21. According to the Dept. of Education laws to protect YouTube children are not necessary because …
    - A ☐ the children do not earn any money for being filmed.
    - B ☐ parents know what is best for their children.
    - C ☐ the vlogging takes place in the private sphere.
    - D ☐ parents make agreements with their children.

* 22. Jonathan says that …
  - A ☐ his video producing skills are getting better.
  - B ☐ his children will learn to edit their own videos.
  - C ☐ he wouldn't force his children to act in front of the camera.
  - D ☐ he isn't interested in making his children famous.

* 23. The scene from "DAD! CUT THAT PART OUT!" shows that …
  - A ☐ Avia is a perfectionist.
  - B ☐ the father plays down his daughter's worries.
  - C ☐ viewers feel embarrassed when watching family fights.
  - D ☐ both B + C

* 24. What does Oates state at the end of the text?
  - A ☐ Family vloggers should form a network.
  - B ☐ Children should learn how to manage their money.
  - C ☐ Rules regarding family vlogging need to be introduced.
  - D ☐ all of them (A + B + C)

* 25. Which statement sums up the idea of this article best?
  - A ☐ Sharing is caring.
  - B ☐ Vlogging: Just another distraction.
  - C ☐ Get paid for raising your kids.
  - D ☐ Children need protectors, not employers.

Reading: Candidate Answer Sheet **Name:** ______________________

For students: Put a tick (✓) in the correct box.

Part 1: What to Do in and around Cape Town (South Africa)

Number	Name	A	B	C	D	E	F	G
1/2	a) Hiyam							
3/4	b) Connor							
5/6	c) Romina							
7/8	d) Joan							
9/10	e) Eli							

/ 10 P

Part 2: Short Texts

Number	A	B	C	D
11				
*12				
13				
*14				
15				
*16				

/ 6 P

Part 3: Is It Safe to Turn Your Children into YouTube Stars?

Number	A	B	C	D
17				
18				
*19				
*20				
*21				
*22				
*23				
*24				
*25				

/ 9 P

/ 25 P

Writing Part 1: Your Photo

Photo A

Photo B

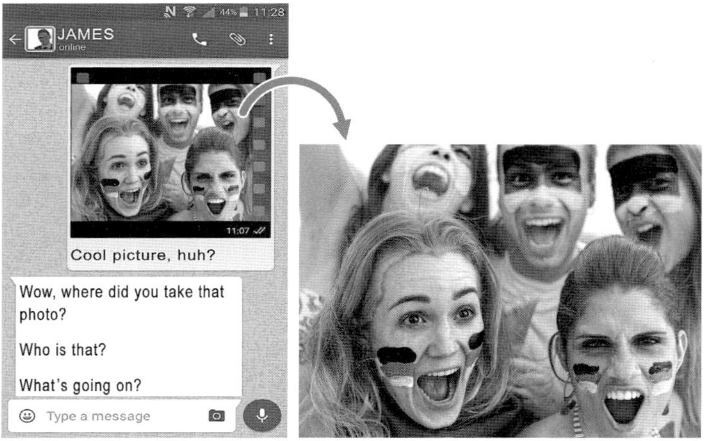

Choose photo A <u>or</u> B.

- You have posted this photo.
- Your friend James wants to know more.
- Answer his questions.
- Write 30–50 words.

/ 5 P

Writing Part 2: Class Chat

- Read what the blogger has written.
- Then write back, answering all of the questions.
- Write a minimum of 100 words.

Home *Welcome to our site* | **Services** *What we do* | **Blog** *Read our stories* | **Contact** *Get in touch* | epinion

Blog | **Public topics**

Class Chat

Name:
Annoyed AppUsR

Hey guys,

My class chat is really getting on my nerves. Messages, messages, messages! My phone is constantly beeping. And most of what people post is rubbish anyway.
How do you feel about your class chat?
I sometimes feel that I should just leave the group. But I'm not sure if that's a good idea. Please help me to make up my mind: What are reasons to stay? Which rules could we set up to make the chat less annoying?
And another thing: Our teacher wants to join our chat. I'm not sure what to think about that. What do you say?

Inhalt: / 5 P Sprache: / 5 P Gesamt: / 10 P

Ein Teller Heimat

Integration geht durch den Magen – das haben wir uns gedacht, als wir die Veranstaltungsreihe „Ein Teller Heimat" ins Leben gerufen haben.
Ziel unseres Projektes ist ein monatliches Zusammenkommen in entspannter Atmosphäre, bei dem Flüchtlinge und freiwillige Stuttgarter für die „Verköstigung" der anderen Teilnehmer zuständig sind. Dabei soll immer etwas aus den verschiedenen Herkunftsländern gekocht werden.

Mit dem Little Italy in Stuttgart Süd konnten wir gleich eine tolle Location für die erste Veranstaltung (und hoffentlich auch für die zukünftigen) gewinnen, da die Inhaberin des gemütlichen Restaurants, Claudia Reiss, uns dieses an ihrem Ruhetag zur Verfügung stellt.

Kulinarisch sollte die Reise am ersten Abend nach Westafrika, genauer nach Ghana gehen. Benjamin und Hubert – beide aus Ghana und seit etwa einem Jahr in Deutschland, haben für uns ein leckeres Menü zusammengestellt. Auch wenn Vorspeisen in Ghana unüblich sind, haben wir zu Anfang Plantanenchips (Kochbanane) mit verschiedenen Dips auf die Tische gestellt. Die Hauptspeise war eines der Nationalgerichte in Ghana – Waakye. Darüber hinaus, dass es allen sehr gut geschmeckt hat, sind einige tolle Unterhaltungen zustande gekommen. Interessant war es zum Beispiel, über die Essgewohnheiten und Bräuche in den verschiedenen Ländern zu hören. Uns hat an dem Abend besonders die ungezwungene Atmosphäre gefreut. Da buchstäblich alle am gleichen Tisch sitzen, kommt man automatisch in Kontakt, und so ergibt sich die Möglichkeit, sich besser kennenzulernen – nicht nur für Stuttgarter und Flüchtlinge, sondern auch für die Geflüchteten verschiedener ethnischer Gruppen untereinander.

Auf jeden Fall möchten wir die Veranstaltungsreihe nach dem großen Interesse weiterführen.

Text: Julius Niehaus und Georg Ulrich, „Ein Teller Heimat – Erster Abend", https://fkreissued.wordpress.com/2017/02/26/ ein-teller-heimat-erster-abend/#more-2016
Bild: © Angelika Feigenbutz

Repair-Café Bremen

Wozu ein Repair-Café? Es geht darum, selber herauszufinden, wie ein Gerät aufgebaut ist, wie es funktioniert, um sich unabhängig zu machen von den Herstellern, um auch die Geräte länger zu nutzen, statt sie wegzuwerfen. Es geht darum, der Wegwerf-Gesellschaft eine bessere Alternative anzubieten, und es geht vor allem darum, den Kreis der industriellen Verwertungs- und Wachstumslogik zu durchbrechen durch eigener Hände Arbeit. Der Einzelne hat mehr Macht, als es erscheint, oft auch als ihm erzählt wird. Repair-Cafés sind ein schönes Beispiel dafür, wie wir selber wieder anfangen können, aktiv etwas für eine bessere Welt zu tun.

Wer geht zu einem Repair-Café? Jeder, der etwas zu reparieren oder pflegen hat und etwas für die Umwelt tun möchte oder sich einfach mit anderen im Café austauschen möchte. Nicht immer „lohnt" sich eine Reparatur, weil Gegenstände teilweise alt sind und es für weniger Geld einen neuen geben würde. Aber genau darum geht es: Die Industrie bringt immer billigere Geräte auf den Markt, die immer schneller weggeworfen werden, auch und gerade WEIL sie so billig sind. In ein Repair-Café kommen Menschen, denen die Umwelt am Herzen liegt. Bei uns findest du also nicht nur defekte Kaffeemaschinen, sondern auch Menschen, mit denen man sich nett unterhalten kann … :)

Wer repariert meine Sachen? Im Prinzip immer du selber. Ein Repair-Café ist ein Ort, wo man sich zum gemeinsamen Reparieren und Pflegen trifft. Bei uns triffst du auf Menschen, die willens und in der Lage sind, Dinge zu reparieren und ihr Wissen an dich weitergeben – wir nennen sie „Helfer". Der Helfer und du – ihr repariert also gemeinsam oder du bekommst gezeigt, was du tun kannst.

Text: Marco Schöling, „Wozu ein Repair-Café?", Leuchtturmfabrik e.V. Bremen, https://www.repaircafe-bremen.de/wie-es-funktioniert/, https://www.repaircafe-bremen.de/wie-es-funktioniert/mehr-lesen/
Bild: © dpa

✶ Writing Part 3: Mediation – Neighbourhood Project

Your Irish friend Kim told you that she/he and her/his friend want to start a neighbourhood project. Now they are looking for ideas of what they could do.

- Read the two articles.
- Choose **one**.
- Write an e-mail to your friend Kim telling him/her what the project is about and mention at least four important aspects.
- Do not translate word for word.
- Write complete sentences.

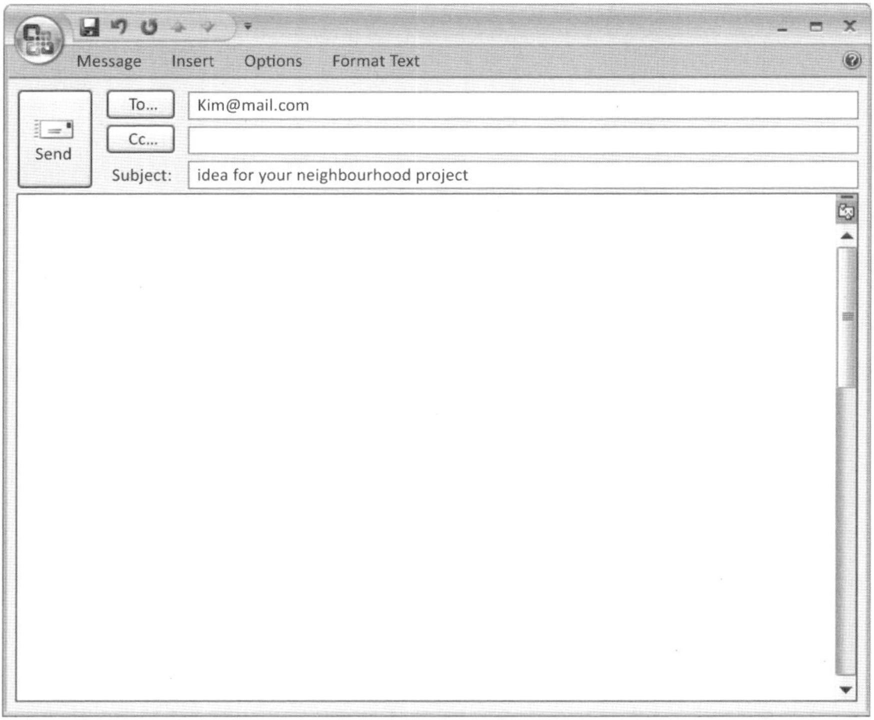

Inhalt:	/5 P	Sprache:	/5 P	Gesamt:	/10 P

Listening Part 1: Voicemail Messages

Message One

(teasing) Alright Superman! I mean, are you for real? This is ridiculous! I'm so jealous! I mean, you're even good at arts? Come on! *(neutral tone)* I thought mine was alright, but compared to yours … Phew – I'm so proud of you! And I'll make sure I'll sit next to you in 6th form. See you later Superman.

1. D

   ***Hinweis:** Dass es um jemanden geht, der sehr erfolgreich abgeschnitten hat, zeigt die ganze Ausdrucksweise der Nachricht. Der schulische Kontext wird dann vor allem in den folgenden Sätzen deutlich: "you're even good at arts? … I thought mine was alright, but compared to yours …" (Z. 2/3); "I'll make sure I'll sit next to you in 6th form." (Z. 3/4)*

Message Two

My Gosh, I can't believe it! Where has she been these last few years? She looks so different now. Like, she always used to have a ponytail, but her hair looks really cool worn loose like that. She must be straightening it, because wasn't it quite wavy before? It's really long now and I love the jacket with all the buttons. Well, did you get her number? I'd love to meet up, all three of us.

2. C

   ***Hinweis:** "she always used to have a ponytail, but her hair looks really cool worn loose like that. She must be straightening it, because wasn't it quite wavy before? It's really long now and I love the jacket with all the buttons." (Z. 2–4) Auf dem Bild, das du suchst, muss also ein Mädchen mit offenen, langen und glatten Haaren zu sehen sein, das außerdem eine Jacke mit Knöpfen trägt.*

Message Three

This is what you wanna do? Naah – I'm out. I'm definitely up for something later, but I've already been sitting indoors all day. So I really feel like I need to go outside and see some sunlight. You know, do some real exercise that involves more than just using my thumbs. So, if you're up for some non-virtual action, I'm happy to meet up later.

* 3. C

__Hinweis:__ "I really feel like I need to go outside and see some sunlight. You know, do some real exercise that involves more than just using my thumbs." (Z. 2–4) Der Sprecher betont, dass er „non-virtual action" (Z. 4) will. Also reagiert er mit Ablehnung auf ein Bild, welches das Gegenteil, nämlich „virtual action", darstellt.

Message Four

Wow, how cool is that? I didn't know you were going to see them. How did you get the tickets? I thought it had been completely sold out for weeks!? What a lucky guy you are, I'm so freaking jealous. I hope you had good seats in the centre of the hall. The sound there is just fantastic. Who did you go with, by the way? I bet you took that cute girl from your history class you've been on about for such a long time. Well, next time don't forget to ask me. You know how much I love those guys; can't stop playing their latest album.

4. B

__Hinweis:__ "The sound there is just fantastic." (Z. 4); "I love those guys; can't stop playing their latest album." (Z. 6/7)

Listening Part 2: Radio Ads

Ad 1: Buying music

In the past, when a musician or band recorded a song, people would buy it. Today, many music lovers refuse to pay anything to own a new song. When you download music, movies or software illegally, you're stealing, and denying artists payment for their work. Illegal downloads hurt, but you have the power to stop them. Go to www.ncpc.org/getreal. Brought to you by the National Crime Prevention Council and the Bureau of Justice Assistance, U.S. Department of Justice.

Department of Justice, https://www.justice.gov/audio/iptf/Worth%20Buying%2030%20sec.m4v (10. 03. 2017)

5. C

__Hinweis:__ "Today, many music lovers refuse to pay anything to own a new song. When you download music, movies or software illegally, you're stealing" (Z. 1–3)

Ad 2: Concussion

Girl 1: Lisa, what did coach say?

Lisa: She said I had a concussion and can't play until my doctor clears me.

Girl 1: Come on, it's barely a thing. You're tough, and we need you for the game.

Lisa: Trust me, I want to keep pushing, but I also want to play solid. It's better to miss one game than the whole season – or maybe even sports for the rest of my life.

Girl 1: Wow, tough and smart.

Woman: All concussions are serious, so give your brain time to heal. Visit www.cdc.gov/concussion to learn why. A message from CDC.

https://www2c.cdc.gov/podcasts/downloader/download.mp3?af=a&f=443234 (10. 03. 2017)

✶ 6. F

Hinweis: *"All concussions are serious, so give your brain time to heal." (Z. 8) Auch die Tatsache, dass das andere Mädchen Lisa dafür lobt, dass sie noch pausieren will ("Wow, tough and smart.", Z. 7), zeigt dir, dass Lisas Verhalten verantwortungsbewusst ist.*

Ad 3: Bargain hunters

Kelly: My sister, Katie, and I are bargain hunters.

Katie: But my sister, Kelly, showed me an article that made me change a really bad habit. I used to buy bargain knock-offs on the street.

Kelly: You mean counterfeit merchandise.

Katie: And this can lead to more Americans losing their jobs.

Kelly: So, no more buying fakes, right?

Katie: Right. Just honest bargain hunting.

Man: Counterfeits hurt, but you have the power to stop them. Go to www.ncpc.org/getreal. Brought to you by the National Crime Prevention Council and the Bureau of Justice Assistance, U.S. Department of Justice.

Department of Justice, https://www.justice.gov/audio/iptf/Bargain%20Hunters%2030%20sec.m4v (10. 03. 2017)

✶ 7. E

Hinweis: *"no more buying fakes" (Z. 6); "Counterfeits hurt" (Z. 8)*

Ad 4: Talking devices

Speaker 1: Hello, I'm a talking compass from CNIB. I help people with vision loss get around.

Speaker 2: I'm a bank note reader. I help identify money.

Speaker 3: I'm a talking color detector. I can help put wardrobes together.

Speaker 4: I am a talking kitchen scale. I get to work with butter. Oooh, butter.

Speaker 5: For services that help you live more independently and a catalog of talking devices, visit cnib.ca. There are other ways to see.

http://www.cnib.ca/en/about/media/audio/Documents/OoohButter-CNIB-PSA.mp3 (10. 03. 2017)

8. B

   Hinweis: *Bei all den vorgestellten Gerätschaften handelt es sich um „talking devices" (Z. 7). Wie im ersten Beispiel gesagt wird, helfen sie „people with vision loss" (Z. 1), d. h., sie können die Augen ersetzen.*

Listening Part 3: Cheap Ways to Travel

House Sitting

Last summer, I really wanted to travel somewhere far away, but I had just graduated from school and didn't have much money. So I talked to my uncle – he's been to all sorts of places couch-surfing, you know, for free – and he told me about a travel experience he had once had – house sitting.

I decided to give it a go myself and contacted the same family my uncle had stayed with before – the Alvarez family in Costa Rica. I was in luck. They were going on holiday, and after a telephone interview, they agreed to leave their home in my hands.

Besides all the usual things I had to do around the house, I had to look after their super expensive fish in the garden pond. Luckily, none of them died. They may be pretty, but they are also quite boring. They are no substitute for my cat at home.

In return for my services, I had the chance to stay in a house that had an awesome view – a view of the nearby volcanoes, absolutely incredible. On one occasion, though, when the earth actually started shaking, I got a little nervous, thinking something might happen to the house. Luckily, there wasn't any damage. What a thrill!

WWOOFing

Surprisingly, Wwoofing has nothing to do with dogs. Instead, WWOOF stands for World Wide Opportunities on Organic Farms. Essentially a work exchange, WWOOF is a massive network with opportunities for volunteers who work on farms all around the world.

Earlier this year, WWOOF turned out to be my ticket to a new place – Vietnam. A small farm close to Ho Chi Minh City, to be exact. For three weeks I worked alongside two farmers there and helped grow all kinds of fruits and vegetables – all organic, totally natural. Also, we built a fence around the whole farm.

The work kept me very busy, but it was great. The thing I especially enjoyed was preparing some Vietnamese dishes using local herbs and spices – something that

the family I stayed with showed me. And, you know what, because I spent so much time around Vietnamese people, I even picked up a bit of their language as well. Isn't that cool? *(enthusiastic)*
Unfortunately, not everything about WWOOFing is positive. You see, I later found out that volunteer tourism can do more harm than good. Taking jobs away from locals, for example. That's something I wish I had thought twice about before going there.

Aboard a Cargo Ship

Catching a ride aboard a cargo ship is difficult, but not impossible. That was what an online blog said about sailing the seven seas on the cheap. I followed the advice in the post on the Internet, and the next thing I knew, I was on my way from Adelaide in Australia to Hamburg, Germany with ports of call in Singapore, the Suez Canal, and Valencia, traveling halfway around the world for more than two months.
At first I thought I would have to work on the ship, doing chores like scrubbing the deck and such, but this is not allowed since becoming a crew member on a modern cargo ship requires years of training.
So, what was there to do? Not a lot, to be honest. I mostly kept busy with reading. I was the only passenger on board. The crew was busy, working full-time, so we didn't have a lot of interaction. Internet access was very limited. *(very positive/ enthusiastic)* But that was exactly what I wanted. No crowds, no noise, just long days at sea.
The only downside was that in some ports you were not allowed to get off the ship – so I didn't get to see much of the different countries.

9. from his uncle (Z. 2)
10. usual things around the house (Z. 9)/look after expensive fish (Z. 9/10)
11. (house with) awesome view (of volcanoes) (Z. 12/13)
12. worked alongside farmers (Z. 6/7)/helped grow fruits and vegetables (Z. 7)/ built a fence (Z. 8)
13. the work (Z. 9)/preparing Vietnamese dishes (Z. 10)/spent time around Vietnamese people (Z. 11/12)/picked up language (Z. 12)
14. ✶ do more harm than good (Z. 15)/taking jobs away from locals (Z. 15/16)
15. online blog (Z. 2)/post on the Internet (Z. 3)
16. limited Internet access (Z. 12)/no crowds, no noise (Z. 13)/ long days at sea (Z. 13/14)

17. sometimes leaving ship not allowed (Z. 15)/
didn't see much of countries (Z. 16)

Listening Part 4: Space Travel

Commercial: 4,3,2,1,0 … *(sound effect: blast)* You're pressed back into your seat at 3,000 miles per hour, and you're taken thousands of feet high into space. Then there is complete silence. You unbuckle, and float around gently, lift up and hit the roof. And then you turn somersaults, look out of the window … back at our beautiful Earth. The ride of a lifetime! Buy your ticket now: only $ 250,000.

Host: As we have just heard a new spaceflight era is about to begin: space tourism. Good afternoon, I am Jenny Robinson and welcome to *Space Talk.*
Before we get started discussing this topic, let me introduce my guests: first of all, the man who will soon be going on a trip to space, here he is … Tony Lehane, a rocket scientist at Galactic World. Galactic World is an American company that hopes to take "space tourists" on sub-orbital flights in the very near future.

Tony: Nice to be here.

Host: Also here with us is 17-year-old Marion Porter, from Texas, who wants to be an astronaut and says the sky is not her limit.

Marion: Hello.

Host: Marion, tell us why you would like to be an astronaut?

Marion: Well, since I was a child, I have been fascinated by the moon, by the twinkling of the stars in the night sky. I used to play every kind of game that had anything to do with planets, astronauts, weightlessness and that kind of stuff. I was also very lucky because my parents really supported me in every possible way.

Host: So what do you think about space tourism?

Marion: I think it will be with us sooner than we think. Someone told me that the Oxford Dictionary will soon add the word "touronaut" as the latest entry to describe private space adventurers. A lot of people are signing up for sub-orbital flights and there are companies that are interested in building hotels in space. I am actually more interested in space research but who knows – maybe in 20 years I'll be working in space tourism. You never know!

Host: Just to clarify this for our listeners: What exactly are sub-orbital flights? Marion …?

Marion: A sub-orbital spaceflight takes people to the edge of space, which is higher than 100 km above sea level. So it's not that far to space. If your car could travel vertically, you'd reach space in about an hour.

Host: Very interesting. And you, Tony, are working for a private company which is developing new technology to offer safe journeys to space. You yourself have booked a flight to space. Why on earth would you or anyone else for that matter want to spend their vacation in space?

Tony: Well, for me it's the final frontier … the unbeaten track, the next hot travel destination. Other people? Some want a mind-blowing experience; others want to get a quick look at the earth from above. And everybody wants to flood Instagram with selfies of themselves floating around in space. And we at Galactic World are developing the technology to make such dreams come true. You know, the possibility of getting into an aircraft, fastening your seat belt and taking off into space is no longer science fiction. In fact, hundreds of travelers have already prepaid $ 250,000 each for their seats.

Host: $ 250,000 is a lot of money. That means that space travel is only for extremely rich people: a decadent joyride for those who have money to burn. What about the other 99 %? What about me and my listeners?

Tony: Well, that's the way things are at the moment. But as space tourism develops we will be able to cut costs and reduce energy consumption. This will allow us to bring large numbers of tourists into orbit, which will eventually make orbital trips cheaper.

Host: But still, I think the price is astronomical.

Tony: But just think of what you'll get: a spectacular look at the Earth, the blackness of space and the experience of floating weightlessness. And the $ 250,000 is not only for 2 1/2 hours in space – it's actually a 3-day package deal. Passengers will take part in a 2-day training session at our spaceport in New Mexico. We'll teach safety procedures, basic physics, breathing techniques, and most important zero-g etiquette … you know, basic manners when everyone is floating around the cabin … no kicking each other, no Kung Fu fighting. We'll teach people how to relax and enjoy the trip.

Host: Sounds like fun! But in a way the idea is absolutely crazy in a time when really we should be <u>reducing</u> our carbon footprint and fly less. You know, no weekend trips by plane, no long-distance flight for a two-week fun trip to Asia. Saving energy seems to be the big issue of the 21st century … and now space travel?

Tony: Well, our company is working on a solution to these problems. We are designing innovative spacecraft. We put a lot of thought into the development of alternative fuels putting spaceships into space with <u>almost</u> no CO_2 emissions at all … Our aim is to let people explore space without doing any more damage to the environment.

Host: I must admit I really have a problem believing in green space travel. Marion, what do you think?

Marion: Well, I see things in a different way. Let's say space tourism takes off. Well, in a way I'd say that every space tourist might become an environmentalist. And it's because of the overview effect that I've read about … The overview effect is a mind shift. Looking down on our tiny planet from way up in space changes a person's perspective. It's that "a-ha" effect which makes us want to work together to survive on our own delicate planet. So I think that viewing the earth from space will change people's attitudes about pollution and the environment. It will make people want to protect our precious planet.

Host: Ah, yes, I've heard of that effect. So you are saying that we have to go to space in order to save the Earth?

Marion: In a way, yes. *(sheepish voice)* And anyway: it is in our DNA to explore our environment. When we push our limits, we find new things. We just have to try new stuff.

Host: Oh, that's another interesting point. Let's look into it in more detail after the break. And now we'll have a short break. Be back to you … *(fade out)*

18. B

    Hinweis: *"The ride of a lifetime! Buy your ticket now" (Z. 5)*

19. A

    Hinweis: *Auf die Frage, "tell us why you would like to be an astronaut?" (Z. 18), antwortet Marion: "since I was a child, I have been fascinated by the moon, by the twinkling of the stars in the night sky. I used to play every kind of game that had anything to do with planets, astronauts, weightlessness and that kind of stuff" (Z. 19–21). Auch wenn ihre Eltern Marions Weltraumbegeisterung immer tatkräftig unterstützt haben (vgl. Z. 22/23), heißt das nicht, dass auch sie in den Weltraum geflogen sind.*

* 20. C

    Hinweis: *"I think it will be with us sooner than we think." (Z. 25)*

* 21. A

    Hinweis: *"for me it's the final frontier … the unbeaten track, the next hot travel destination." (Z. 40/41) Tony erwähnt auch „flood[ing] Instagram with selfies" (Z. 43). Hier geht es aber nicht um sein eigenes Vorhaben, sondern um die Gründe anderer Menschen, am Weltraumtourismus teilnehmen zu wollen.*

* 22. C

    Hinweis: *Auf die Aussage der Moderatorin, "$250,000 is a lot of money." (Z. 48), antwortet Tony: "Well, that's the way things are at the moment." (Z. 51) Er bestreitet also nicht, dass Reisen in den Weltraum sehr teuer sind. Allerdings rechnet er damit, dass sie billiger werden, je mehr Menschen in* *den Weltraum fliegen (vgl. Z. 51–54). Er geht also fest davon aus, dass mehr und mehr Menschen die touristischen Angebote wahrnehmen werden.*

✶ 23. B

Hinweis: *"We'll teach ... most important zero-g etiquette ... you know, basic manners when everyone is floating around the cabin" (Z. 60–62)*

✶ 24. A

Hinweis: *"We are designing innovative spacecraft. We put a lot of thought into the development of alternative fuels putting spaceships into space with almost no CO_2 emissions at all" (Z. 69–72)*

✶ 25. C

Hinweis: *"The overview effect is a mind shift. ... It's that 'a-ha' effect which makes us want to work together to survive on our own delicate planet. So I think that viewing the earth from space will change people's attitudes about pollution and the environment. It will make people want to protect our precious planet." (Z. 78–83)*

Reading Part 1: What to Do in and around Cape Town (South Africa)

Hinweis: *In diesem Leseteil sollst du den Personen passende Unternehmungen in Kapstadt zuordnen. Lies dir die Beschreibungen und Vorlieben der Personen genau durch, anschließend die Erklärungen zu den in Kapstadt gebotenen Aktivitäten. Unterstreiche Details und relevante Informationen. Zu jeder Person passen zwei Aktivitäten und die Unternehmungen können mehr als einer Person zugeordnet werden. Möglicherweise wirkt es zunächst so, als wären für manche Personen mehr als zwei Aktivitäten geeignet. Die Vorschläge sollten aber die Interessen der Personen möglichst vollständig abdecken. Nur weil Connor beispielsweise die „tastes" der Stadt mag, ist E trotz der Weinverköstigung nicht das Richtige für ihn. Fahrradfahren oder sportliche Aktivität wird in Connors Beschreibung an keiner Stelle erwähnt.*

1./2. A, D

Hinweis zu Hiyam: *"she's also into painting. She likes to see the works of others. A short stroll in the neighbourhood where some local resident shows her around" Hiyam malt gerne und interessiert sich auch für die Kunst von anderen. Am liebsten würde sie ihren Kunstgenuss mit einem von einem oder einer Einheimischen geführten Spaziergang verbinden.*
"can you imagine sitting in a tiny cell with a killer circling around you? Hiyam can. In fact, she has always wondered how it would feel to be just metres away from these dangerous creatures." Außerdem ist Hiyam ein

Adrenalinjunkie und würde gerne mit gefährlichen Tieren auf Tuchfühlung gehen.
→ *activity A: "A guide who lives in this district will take you on an art walking tour where you will experience what 40 national and international artists have contributed to the community" Ein Kunstspaziergang, auch noch geführt von einer Person aus der Gegend – das passt perfekt zu Hiyams Plänen.*
→ *activity D: "On this tour you can get face to ragged face with this dreaded 'king of the seas'"; „the cage that separates you from the great white" Hier kann Hiyam den gefährlichen weißen Haien ganz nahe kommen.*

3./4. C, G
Hinweis zu Connor: *"Twenty years ago Connor worked for a non-governmental organization in Cape Town. Now he … wants to see how the housing situation in the city has changed." Connor interessiert sich für die Wohnverhältnisse in der Stadt und inwieweit sich diese innerhalb der letzten Jahre verändert haben.*
"he would like to bring back the memories of the tastes and sounds he once enjoyed so much." Er möchte außerdem kulinarische und akustische Erinnerungen auffrischen, d. h. den Geschmack und die Geräusche der Stadt (wieder)erleben.
"Combining this with getting to know real Cape Towners would be the icing of the cake." Connor sucht außerdem den Kontakt zu echten Kapstädtern.
→ *activity C: "The full day tour provides the extraordinary chance to connect, mingle and share cultural principles with the local community. Visit several townships across Cape Town and learn how life has improved there over time."; "see how proper house development projects have transformed poor areas to the better" Bei dieser Tour geht es genau um die Weiterentwicklung der Wohnverhältnisse, für die Connor sich interessiert. Mit Einheimischen kann er dabei auch in Kontakt kommen.*
→ *activity G: "On four nights you are going to visit different local jazz musicians in their homes. There you will spend a musical evening with freshly prepared delicacies of the Cape and talk to the musicians firsthand." Diese Jazz-Safari deckt Connors weitere Interessen, die Musik und die Speisen Kapstadts, ab. Auch hier ist der Kontakt zu echten Kapstädtern garantiert.*

5./6. C, F

Hinweis zu **Romina:** *"Now she wants to see … how the living conditions in Cape Town have improved" Romina will die Geschichte Südafrikas und den Aufwärtstrend des Landes mit eigenen Augen erleben.*
"She … would like to join a tour which shows her the diversity of South Africa's animal kingdom." Außerdem ist sie interessiert an der südafrikanischen Tierwelt in ihrer ganzen Vielfalt.
→ *activity C: "Journey through the three South Africas: The birth …, Apartheid South Africa … and, the New South Africa"; "Visit several townships across Cape Town and learn how life has improved there over time." Diese Tour macht die Geschichte Südafrikas erlebbar.*
→ *activity F: "The diverse environment of the reserve is heaven to passionate wildlife watchers and birders. Giraffes, zebras, lions, rhinos, springboks, just to name a few, as well as 172 species of birds … are found on the reserve." Hier kommt Naturfan Romina voll auf ihre Kosten.*

7./8. B, E

Hinweis zu Joan: *"she would like to learn more about the darkest chapter of Apartheid South Africa – how life must have been for the people who were oppressed and locked up in jail." Joan möchte mehr über die dunkelste Seite und über Gefangene des Apartheid-Regimes lernen.*
"Exploring the area has to come with a physical challenge for Joan. So she is looking for a guided trip in the countryside" Joan ist sportlich und würde sich die Gegend um Kapstadt gerne aktiv erschließen.
→ *activity B: „A symbol … of centuries of cruel oppression"; "Especially Mandela's claustrophobic cell in the prison is a harrowing reminder of the injustices carried out during the apartheid era" Im Robben Island Museum kann Joan sich ein Bild vom Leben im Gefängnis während des Apartheid-Regimes machen.*
→ *activity E: "This is a perfect way to combine some physical activity with seeing the sights around the Cape Peninsula."; "This adventure is suitable for experienced cyclists only." Für die sportliche Joan ist diese Tour perfekt.*

9./10. A, F

Hinweis zu Eli: *"Another thing he likes is experiencing visual art – something that has left an imprint on the neighbourhood. Let it be spontaneous and Eli is in." Eli mag Kunst und möchte sehen, wie sie eine Gegend verändern kann. Spontaneität ist ihm ebenfalls wichtig.*
"Eli has read all about the 'king of the animals' … which he wants to see on a tour." Eli liebt den „König der Tiere" und würde ihn gerne einmal live erleben.

→ *activity A: "One of Cape Town's oldest suburbs, Woodstock, has undergone a dramatic transformation in recent years"; „an art walking tour where you will experience what 40 national and international artists have contributed to the community to make it more attractive"; "advance booking is not necessary" Bei der Street Art Walking Tour kann man den Einfluss von Kunst auf eine Gegend direkt sehen. Für den spontanen Eli ist es außerdem vorteilhaft, dass man hier nicht im Voraus buchen muss.*
→ *activity F: „Wildlife Safari Tour"; „Giraffes, zebras, lions, rhinos, springboks" Hier ist Vorsicht geboten: Auch wenn der Hai in der Beschreibung zu Aktivität D als „king of the seas" beschrieben wird, ist mit dem „king of the animals" ein Löwe gemeint, den man nur bei Tour F erleben kann.*

Reading Part 2: Short Texts

11. A
__Hinweis:__ "It's my little brother's wedding." Es handelt sich also um eine Privat- bzw. Familienfeier.

* 12. *Aus lizenzrechtlichen Gründen fehlt diese Aufgabe.*

13. B
__Hinweis:__ "Do not knock and wake us up before 10 a.m."

* 14. C
__Hinweis:__ "Please help stop this: sign the petition"

15. A
__Hinweis:__ "Professional barber & hair stylist wanted" Das Wort „wanted" zeigt dir, dass jemand gesucht wird. In diesem Fall geht es um einen Aufruf an Personen, die in einem Haarsalon arbeiten wollen.

* 16. D
__Hinweis:__ Es geht hier darum, das Feld zu schützen, indem man neue Wege wählt ("pick your own route"). Die Schafe sind nur abgebildet, um zu verdeutlichen, dass der übliche Weg schon völlig ausgetreten ist. Abfall und das Pflücken von Blumen werden gar nicht erwähnt.

Reading Part 3: Is It Safe to Turn Your Children into YouTube Stars?

17. C

Hinweis: *"But family vlogging is on the rise" (Z. 8/9)*

18. C

Hinweis: *"The family earns thousands of pounds a year from adverts and product placements in their videos, neither Jonathan nor Anna need to work traditional full-time jobs." (Z. 15–17)*

* 19. A

Hinweis: *"parents need to think very carefully about how the material they are filming is available for the world to see in perpetuity" (Z. 19/20); "Footage of a child that might be fine aged two or three could be very distressing if it was available on the blogosphere when they were 12 or 13." (Z. 22–24) Beide Zitate warnen vor den Langzeitfolgen des „family vlogging".*

* 20. A

Hinweis: *"the children of YouTube probably don't face the same risks that made traditional child stars … lose control of their lives." (Z. 25–27)*

* 21. B

Hinweis: *"When asked why legal regulations do not apply to YouTubers, a Department of Education spokesperson said: 'We trust parents to act in the best interests of their children.'" (Z. 33–35)*

* 22. C

Hinweis: *"I don't make the children do anything." (Z. 43)*

* 23. B

Hinweis: *"nine-year-old Avia begs her father to remove part of the video where she talked about flirting with a classmate. 'But this is good footage!' her father replies … 'I promise you, listen, in 10 years from now, you will look back on this video and you'll be like 'that was so cute …'" (Z. 45–48)*

* 24. C

Hinweis: *"some form of regulation is needed." (Z. 55/56)*

* 25. D

Hinweis: *Der ganze Text steht dem Thema „family vlogging" eher kritisch gegenüber und sorgt sich vor allem um die Rechte der Kinder, die dabei gefilmt werden. Besonders deutlich wird das in Prof. John Oates' Bedenken bezüglich der Langzeitfolgen (vgl. Z. 19–24) und bezüglich der bisher fehlenden Regularien (vgl. Z. 30–32, 55–57). Was als besonders kritisch eingestuft wird, sind die „financial gains to be made" (Z. 36). Diese könnten die Eltern dazu verleiten, das Kindeswohl zu vergessen. Die Gesamtaussage könnte also lauten, dass Eltern mit ihren Kindern kein Geld verdienen sollten, sondern stattdessen deren Wohlergehen höchste Priorität haben sollte, was perfekt zur Aussage D passt.*

Writing Part 1: Your Photo

Hinweis: *Hier hast du die Wahl zwischen zwei verschiedenen Fotos, die du in einer Chatnachricht beschreiben sollst. Wähle das Foto aus, zu dem dir spontan eine kurze Geschichte einfällt. Wichtig ist, dass du die drei Fragen „Wer ist auf dem Bild zu sehen?“, „Wo wurde das Bild aufgenommen?“ und „Was macht/ machen die Person(en) auf dem Foto?“ beantwortest.*

Photo A

Beispiellösung:
I took this photo last weekend. We first went to the zoo and saw the monkeys. Later we were at the park and my father, who is sometimes weird, pretended to be a monkey and climbed a tree. What's the silliest thing your dad has ever done? (47 words)

Photo B

Beispiellösung:
This picture is proof that my sister is crazy about football. Not just any football, but she loves the national team. Here she is with her friends at the stadium. They were so hyper, I just had to take a picture of them and post in on Facebook. So, do you still want to meet her? (56 words)

Writing Part 2: Class Chat

Hinweis: *Auch hier ist es wichtig, dass deine Blognachricht zu der abgedruckten passt. Achte also darauf, den Blogger/die Bloggerin anzusprechen und auf seine/ihre Fragen einzugehen. Die folgenden Punkte solltest du in deiner Nachricht behandeln: Was denkst du über deinen Klassenchat? Warum sollte Annoyed AppUsR trotz aller Probleme im Klassenchat bleiben? Welche Regeln sind denkbar, um den Chat weniger störend zu machen? Und sollten Lehrkräfte am Chat teilnehmen dürfen?*

Beispiellösung:

Hey Annoyed AppUsR,

We had exactly the same problem in our class chat, hundreds of messages every day. That was really annoying. But then we made up rules: only information that is relevant for all students, no jokes, and if people want to send something personal, they have to do that on a private chat. If your classmates don't agree, you can simply turn your phone volume off for that group. I wouldn't leave that chat because it keeps you informed about things going on at school. If your teacher wants to join the chat, why don't you just open another chat without your teacher? However, the first class chat will become pretty quiet and focused on really important stuff. So, that might not be too bad after all.

Happy chatting,
Dave (132 words)

✶ Writing Part 3: Mediation – Neighbourhood Project

***Hinweis:** Beachte, dass es hier nicht nur darum geht, einen der deutschen Artikel auf Englisch zusammenzufassen. Du sollst das außerdem in Form einer E-Mail an eine/n Freund/in tun, der/die auf der Suche nach Ideen für ein Nachbarschaftsprojekt ist. Vergiss also nicht, Kim direkt anzusprechen und typische Gruß- und Abschiedsformulierungen zu verwenden. Wähle den Artikel aus, bei dem es dir leichter fällt, die Hauptzüge des Projekts auf Englisch wiederzugeben, und konzentriere dich auf die Punkte, die für die Umsetzung eines ähnlichen Projekts in Kims Nachbarschaft wichtig sind.*

Beispiellösung zu „Ein Teller Heimat":

Dear Kim,

I read an interesting article about a neighbourhood project. It's called "Ein Teller Heimat", which roughly translates to "A plate full of home". There locals and refugees get together in a relaxed atmosphere to have dinner. People take turns preparing local food from their home countries and thus share their culture with the neighbours. They meet in a restaurant on the day it's usually closed. Maybe you will also find a restaurant to cooperate with you. Besides getting to know tasty food and local eating customs from different parts of the world, Germans and refugees from different ethnic groups can talk to each other and have a good time together. Perhaps this is an inspiration for your neighbourhood project. If you have any questions, let me know. I hope this helps!

Best regards,
Peter (136 words)

Beispiellösung zu „Repair-Café":

Hi Kim,

I read an interesting article about a neighbourhood project called "Repair Café". People come together to fix gadgets instead of throwing them away. Economically speaking, it might often be cheaper to buy new products, but this is not sustainable. The Repair Café wants to work against the throwaway society that we've become and contribute to the protection of the environment. At the café you can meet people who know how to fix things, the so-called helpers. And you can learn how to repair your stuff yourself. You can also visit a Repair Café without a broken device, just because you like talking to others who care about the environment. I think this is a really interesting project where people can meet each other and even become friends. What do you think? Looking forward to hearing from you again.

Best Regards,
Ella

(143 words)

Bildnachweis:
S. 2019-1: Medaillengewinner © India Picture / Shutterstock.com; Strand © haveseen. Shutterstock; Künstler © Standret. Shutterstock; Zeugnis © Redaktion; S. 2019-2: Mädchen mit Pferdeschwanz © Paulus Ruysanto | Dreamstime.com; Mädchen mit Locken © asife.123rf.com; zwei Mädchen © Maria Evseyeva / Shutterstock.com; Mädchen mit kinnlangem Haar © Gengwit Wattakawigran. Shutterstock; Skateboarder © lzflzf.123rf.com; Hallenbad © Parilov. Shutterstock; 2019-3: Playstation © amirraizat. Shutterstock; Beachvolleyballer © Andrey Yurlov / Shutterstock.com; Modenschau © dotshock.123rf.com; Rockkonzert © lightfieldstudios.123rf.com; Fußballspiel © Vasyl Shulga. Shutterstock; Kino © wavebreakmedia. Shutterstock; S. 2019-4: Musikanlage © 123rf.com; S.2019-5: House Sitting © PlusONE. Shutterstock; WWOOFing © Zoran Orcik.123rf.com; Cargo Ship © Rafael Ramirez Lee. Shutterstock; S. 2019-6: Astronaut © Andrey Armyagov. Shutterstock; S. 2019-9: „Hiyam" © 123rf.com; „Connor" © Terence Mendoza. Shutterstock; S. 2019-10: „Romina" © Rido. Shutterstock; „Joan" © Andrey Arkusha. Shutterstock; „Eli" © Jules Selmes. Pearson Education Ltd; Street Art Kapstadt © Monica Wells / Alamy Stock Photo; S. 2019-11: Robben Island Museum © LH Images / Alamy Stock Photo; Markt Township © Graeme Churchard / flickr, CC BY 2.0; Tauchen mit Hai © Stefan Pircher / Shutterstock.com; S. 2019-12: Radtour © YanLev. Shutterstock; Safari © Gudkov Andrey / Shutterstock.com; Jazz © MichalV33. Shutterstock; S. 2019-14: Anzeige Bäume © UrbanImages / Alamy Stock Photo; S. 2019-20: Mann im Baum © Maridav / Shutterstock.com; Fans © Mauricio jordan de souza coelho / Alamy Stock Photo; S. 2019-22: Handy © bloomua / Shutterstock.com

Schriftliche Prüfung FOR und EBR in Brandenburg
Englisch 2020

Listening Part 1: Voicemail Messages

- You are going to hear four people reacting to pictures which were sent in an online chat.
- Look at the pictures and then listen to each message.
- Decide which picture each speaker reacts to and put a tick (✓) in the right box.
- You will hear the recording twice.

Message One

1. Which picture does the speaker react to?

A ☐

B ☐

C ☐

D ☐

Message Two

2. Which picture does the speaker react to?

A ☐

B ☐

C ☐

D ☐

Message Three

3. Which picture does the speaker react to?

A ☐

B ☐

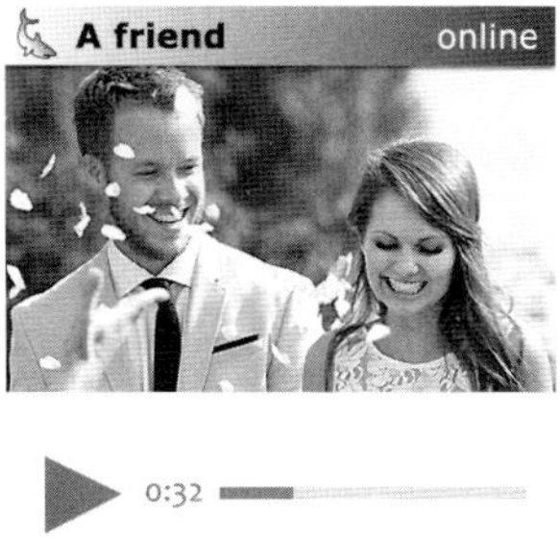

C ☐

D ☐

Message Four

* 4. Which picture does the speaker react to?

A ☐

B ☐

C ☐

D ☐

Listening Part 2: Radio Ads

Please note: You do not need to understand every word to do this task.

- You are going to hear four radio ads.
- You will hear the recording twice.
- Read the slogans below first, then listen to the recording.
- For each ad choose the correct slogan from the list (A–F) and put a tick (✓) in the right box.
- There is only one correct slogan for each ad.
- Two slogans can't be matched.

A Doing sports will keep you fit
B Give useful presents to those in need
C Life before looks
D Limit your time using electronic media
E Support the platform to keep it going
F Reduce your chances of being robbed

		Slogan					
	Radio Ads	**A**	**B**	**C**	**D**	**E**	**F**
5.	Radio Ad 1						
*6.	Radio Ad 2						
7.	Radio Ad 3						
*8.	Radio Ad 4						

Listening Part 3: Survival Stories

- You are going to hear three people telling their personal stories of survival.
- You will hear the recording twice.
- Complete the table below. Use 1 to 5 words or numbers for each answer.

	What went wrong	How speaker stayed alive (Name one.)	How speaker was finally rescued (Name one.)	After the rescue (Name one.)
	9.	10.	11.	*Sako on TV*
	12.	*drank water slowly*	13.	✶14.
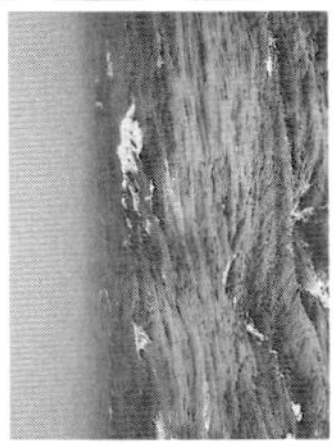	15.	✶16.	17.	

Listening Part 4: Cloning for Love?

- You are going to hear a radio programme.
- There are four speakers: Maeve O'Reilly (the host), Dr. Louis Nelson (writer) and two callers, Katie and Peter.
- You will hear the recording twice.
- Read the statements below first, then listen to the recording.
- Put a tick (✓) in the box next to the correct statement.
- Only one statement is correct in each case.

18. Why did Barbra Streisand put dog collars on the new puppies?
    - A ☐ to make them look beautiful
    - B ☐ to better identify them
    - C ☐ to show her love

19. What is the main motivation for people to clone their pets?
    - A ☐ to follow a trend
    - B ☐ to support scientific research
    - C ☐ to avoid heartbreak

20. How similar are clones to the original?
    - A ☐ They have the same genetic code.
    - B ☐ Their appearance is the same.
    - C ☐ both A + B

* 21. According to Louis, cloning companies …
    - A ☐ mislead their clients.
    - B ☐ waste a lot of money on marketing.
    - C ☐ are still at the experimental stage.

* 22. Why don't clones behave like the original animal?
    - A ☐ They are brought up differently.
    - B ☐ They have different levels of intelligence.
    - C ☐ both A + B

✶ 23. Peter talks about the dog Snuppy to illustrate …

A ☐ how advanced biotechnology was in 2005.
B ☐ how many dogs are used to create one clone.
C ☐ how popular cloning is in Asian countries.

✶ 24. Louis highlights the fact(s) that …

A ☐ there are too many pets in the US without loving homes.
B ☐ the money spent on cloning could be better spent.
C ☐ both A + B

✶ 25. Which of the statements summarizes the talk best?

A ☐ Pet cloning – it's worth the price
B ☐ Pet cloning – the blessings of biotech
C ☐ Pet cloning – a world between heaven and hell

Listening: Candidate Answer Sheet   Name: ____________________

For students: Put a tick (✓) in the correct box.

Part 1: Voicemail Messages

Number	A	B	C	D
1				
2				
3				
*4				

/ 4 P

Part 2: Radio Ads

		Slogan					
Number	**Radio Ads**	**A**	**B**	**C**	**D**	**E**	**F**
5	Radio Ad 1						
*6	Radio Ad 2						
7	Radio Ad 3						
*8	Radio Ad 4						

/ 4 P

Part 3: Survival Stories

Die Ergebnisse müssen nicht übertragen werden (***14 und *16**).

/ 9 P

Part 4: Cloning for Love?

Number	A	B	C
18			
19			
20			
*21			
*22			
*23			
*24			
*25			

/ 8 P

/ 25 P

Reading Part 1: What to Do in and around New Delhi

- These people are looking for something to do in and around New Delhi (India).
- First read the information about the people, then look at the descriptions of things to do (A–G) on pages 10 to 12.
- In each case find the **two** activities the people would do. Write the letters of the activities in the boxes next to the people's names.
- Some of the activities can be chosen more than once.

No.	Activity 1	Activity 2	The people	
1/2				a) **Marvin** is a physical therapist from a small town in the countryside. He is not a fan of large crowds of people and busy streets. What interests him is the Indian culture and everyday life far away from the metropolis New Delhi. Apart from that, he is looking for some tips and tricks for his job to help him understand the physical and mental needs of his patients better.
3/4				b) In four months **Christie** will do a voluntary social year in one of the poorest communities in Kenya. In Delhi she hopes to get some practical ideas that could help her improve the living conditions in Kenya. Whenever she travels, she tries to see as many different parts of town and taste as many local dishes as possible. So, a tour introducing her to the great variety of Indian specialties would be great.

5/6				c) **Eric** is a passionate photographer. But in India it's literally impossible to take a clear picture of a sight without dozens of people in the way. So what he is looking for is a sightseeing tour that avoids the tourists if possible. And then he is also interested in the people living in the countryside and he would like to learn more about how they see the world.
7/8				d) For **Chenoa** the best way to understand a country is by having a "peek through the kitchen window". An activity that gives her the chance to try out first-hand how a good curry is made is simply a must for her. She would also go on a longer tour that allows her to observe wildlife outside the city. Combining that with seeing historic places would be awesome.
9/10				e) For **Bryan** travelling is all about eating without having to do all the cooking himself. He definitely needs a tour that quickly pleases his passion for food. As a Beatles fan he also knows that they spent a month in India in 1968 doing some transcendental meditation there. If he could do something similar, a childhood dream would come true.

Delhi Food Walk 	A) Go beyond the clichéd curry and try some authentic Indian bites on this Delhi tour. From homemade ice cream to fruit beer and dumplings, Delhi's food scene is thriving and surprising. Explore the busy streets of Delhi and their famous street food stalls. Experience traditional local transportation on a cycle rickshaw ride and mingle with locals at markets, restaurants, shops, and food stalls. An English-speaking guide will let you indulge in the colours, tastes and looks of authentic Indian cuisine. *Duration: 3 hours; Starting time: 4 p.m.*

Taj Mahal at Sunrise and Agra

B) Experience some of India's most beautiful sights on this 14-hour private day trip to Agra, including transport from Delhi. With an early morning pickup, make it to the Taj Mahal in time to take in stunning views of the majestic palace at sunrise before the masses of tourists arrive. Tour the grounds with your private guide, and enjoy breakfast at a nearby hotel. Then, stop by the famous Agra Fort before doing some souvenir shopping in the city. At about 2 p.m., hop back into your vehicle for the 3-hour ride back to Delhi. Your guide drops you off at your hotel at about 5 p.m.

Solar Slum Tour

C) Get a behind-the-scenes glimpse of Pollinate Energy, a social enterprise that's lighting up lives in the slums of India. Learn how they're reducing indoor air pollution from kerosene and wood stoves, and bringing solar light to Delhi's tent slums. Chat with the people behind the project, meet locals living in these communities, and come away with a better understanding of social enterprise in India. All the money from this tour will go directly to Pollinate Energy to help spread the project.
Duration: 4 hours; Starting time: 4 p.m.

Home Cooking Class

D) Learn the art and tradition of Indian home cooking during this interactive one-day class and market tour in New Delhi. Follow your hostess through the stalls of a spice and produce market in the heart of the city and learn about the ingredients typical in this flavourful cuisine. Interact with locals and get a taste for city life. Once you leave the market, have a fun-filled cooking session with your expert hostess, as she gives you a fascinating insight into Indian food. Understand the close-knit Indian family system as you eat together with your hostess and her family.

Delhi Yoga Tour

E) Your Indian odyssey is not complete without the taste of diverse Indian culture, rich traditions and spirituality. Yoga Tours do not only let you explore the beauty and serenity steeped in this mysterious land, but also cultivate a deep connection with yourself. Our experienced yogis will introduce you to different kinds of yoga and various postures in one of Delhi's most popular yoga centres. You will experience new ways to strengthen your body and soul. Feel free to choose from different booking options in advance. So, revitalize your body and mind on a yoga tour during your visit to India.

Rural Village Tour

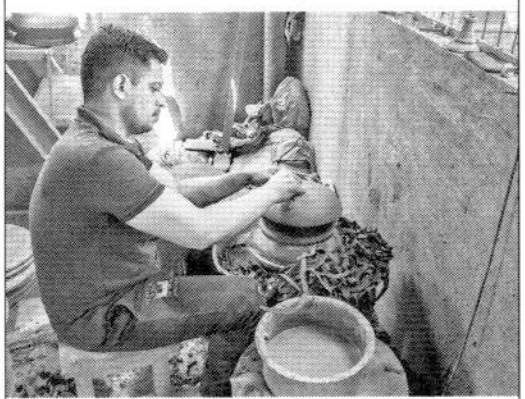

F) The villages of India hold their own distinct charm. They have a special attraction in their warm-hearted and traditional lifestyle. On this village tour we organize your visit to the village where you experience the true Indian spirit and enjoy the daily activities and rituals of the locals. It is also a great way to get out of the city and enjoy the simple life, with fresh air in beautiful surroundings. You will get an insight into the villagers' beliefs, their customs, the role of women, their superstitions, their religion and the problems that they face. You will get the chance to interact with the villagers with the assistance of your tour guide, learn pottery making and ride a tractor.

National Park Tour

G) On your trip to "Ranthambore National Park" you will not only see Bengal tigers, lions, elephants, exotic birds and other native creatures, but you will also visit its grand 10th century "Ranthambore Fort". This is a complex of temples and mosques, monuments and crocodile-filled lakes, which is very popular among tourists. Here nature meets history – an awe-inspiring experience. So don't hesitate to get on this 2-day wildlife tour that will lead you away from the busy roads. Join our guided jeep safari along narrow trails and jungle paths.

Reading Part 2: Short Texts

- Look at the text and the statements in each task.
- What does the text say?
- Put a tick (✓) next to the statement that matches the text – **A**, **B**, **C** or **D**.
- There is only one correct statement for each sign.

11.

> **You don't need** to worry about walking your dog anymore because someone else can, for just £2 per walk!
>
> **I have a lot** of experience with dogs and I will usually come twice a day in the morning (11 am) and in the evening (7 pm).
>
> **However** if this time doesn't fit in your timetable we can arrange it. E-mail me if you're interested.
>
> (P.S.) I buy them treats too X

The person who wrote this note …

A ☐ is looking for a lost dog.

B ☐ runs a dog hotel.

C ☐ wants to work as a dog walker.

D ☐ coaches dogs and their owners.

12.

> Hello Star Students,
>
> **School appropriate attire is required in this classroom.**
>
> If you are not dressed for learning, please lead yourself down to the office to call home for a change of clothes – or go to the gym and get your gym clothes.
>
> **THANKS! – Ms. Osborne**

A ☐ You have to wear proper clothing to take part in the lessons.

B ☐ You are not allowed into the gym with street gear.

C ☐ You have to call home from the office if you feel sick.

D ☐ You can pick up your costume for the school play in the staff room.

* 13.

This sign …

A ☐ is aimed at people who can't see well.

B ☐ asks local businesses for support.

C ☐ wants people to share their stories.

D ☐ is looking for paper deliveries.

14.

This company offers …

A ☐ to help students find a new place to stay.

B ☐ to keep students' things temporarily.

C ☐ to collect donations from students.

D ☐ to find a suitable study partner for new students.

15.

- Always use a licensed taxi (a black cab) or a licensed minicab.
- Book your minicab journey by phone or in a minicab office.
- Never approach or accept a journey from a driver off the street. Only taxis (black cabs) are allowed to pick up customers off the street.
- When your booked minicab arrives, make sure the minicab driver can confirm your name and your destination. Check this before you get in the vehicle.
- Check the driver's photo ID.
- Always sit in the back and if possible carry a mobile phone.
- When you are on the way, phone a friend if you're worried. If you're seriously concerned or you feel threatened by the driver, phone 999 immediately.

This text …

A ☐ advises you how to take a taxi safely.

B ☐ informs you about rental car services.

C ☐ tells you how to become a licensed cab driver.

D ☐ promotes the benefits of car sharing.

* 16.

Head to ***displayfakefoods.com*** *and you can buy a fake spillage made entirely of plastic – anything from an oozing ice-cream tub or overturned coffee cup to a dribbling ketchup sachet or sloppy slice of pizza.*

Seat Savers cost between $4.50 and $45.

The items advertised here …

A ☐ help to remove stains from seats.

B ☐ are made of natural materials.

C ☐ help to keep a seat free.

D ☐ can be consumed on public transport.

Reading Part 3: I Became a Teacher at 57 – I am Learning the Hard Way, Says Lucy Kellaway

- Read the text and the statements on pages 17 to 19.
- Put a tick (✓) in the box next to the correct answer.
- Only one answer is correct in each case.

A year ago I announced that after three decades I was leaving the *Financial Times* to become a maths teacher in a tough secondary school and that I had set up *Now Teach,* a charity to encourage other fifty-somethings to quit their cushy jobs and join me. Almost everyone said the same thing: you're mad.

I replied that I was perfectly sane. I'd spent so long writing columns that I was no longer getting any better at it and was possibly getting worse. While many people of my age were just waiting for retirement, others longed to start all over again doing something new, difficult and worthwhile.

To anyone who dared suggest that at 57 I was too old to be worth the investment of training, I sharply replied that I would probably live into my nineties and so had another 15 years' working life ahead of me. In any case, the average teacher stays in the profession for only five years, so I was no worse a risk than the next person.

A week before the launch of *Now Teach*, a journalist from *The Times* came to interview me at home about my unexpected career change. I remember sitting on the sofa and earnestly explaining that I craved one thing above all: the luxury of being useful. It is exactly a year since I gave that interview, but now I look at the phrase "the luxury of being useful" and want to laugh. Or cry.

I am writing this at 5.15 a.m. on a school day. This is earlier than I need to be up, but I am in a permanent state of excitement that reminds me of being in love. I am wide awake before dawn, thinking obsessively about my lessons and new tasks. The most luxurious thing that awaits me today will be school dinner in a polystyrene box.

And instead of feeling useful, for large chunks of every day I feel useless. I am hopeless with the interactive smartboard that is the centrepiece of every modern classroom. I sometimes get so flustered I make mistakes in my sums in front of class. Routinely I forget to take the electronic register. Or I mark students present when they are absent, then fail to figure out how to overwrite mistakes, leaving bureaucratic chaos in my wake.

It is now 6.20 a.m. and I must stop writing and put on smarter clothes than I ever wore as a journalist. The school demands that pupils wear perfect uniform on the grounds that if they have their ties done up properly they are less likely to throw a desk at their teachers – which means staff need to do their bit and dress properly too.

Yet even in my most painful moments there are four joys of teaching that I never lose sight of. The first is the students. For the first time in my working life I'm doing something that is not about me. Teaching is about them. When at the end of the first half-term I watched the heads of my pupils bent in silence over their test papers I felt a passionate involvement in their progress. So much so that when I was marking papers later at home, I found myself whooping out loud, "X has got the hard negative number question right!" much to the surprise of one of my grown-up children.

Second is the joy of being a trainee again. The view from the bottom of the ladder is far prettier than it appeared to me 35 years ago. Then I only wanted to climb. Now I am happy to stay where I am. I am responsible for nothing except my progress. There is also a delight in being junior enough to go to the pub on Friday with my fellow maths teachers, who seem amused at having a woman who is older than their parents tagging along.

Third is the maths. For most of us, the subjects we loved at school were snatched away from us far too early. After nearly four decades dealing with ambiguous words, I feel joy in returning to the certainties of maths, which I put aside when I finished my maths A level in 1977.

Fourth is the absence of boredom. Journalism is one of the most exciting jobs on earth, but even that is sometimes boring. Since September 1, I have not been bored for one second. I am so interested in what I am doing that I have become a bore to my old friends. One of them tried to discuss the new chairman of the Federal Reserve with me the other week, but I wouldn't co-operate. All I wanted to talk about was how best to teach algebra to 11-year-olds.

* 17. Who is *Now Teach* aiming at?

A ☐ journalists

B ☐ unemployed people

C ☐ young teachers

D ☐ older professionals

* 18. Lucy was ready to begin a new career because she …
  - A ☐ had problems with her younger colleagues.
  - B ☐ started hating the topics she was writing about.
  - C ☐ found her old job too stressful.
  - D ☐ felt her job was no longer challenging.

* 19. Why does Lucy think that training someone her age is not too late?
  - A ☐ She will be teaching longer than most teachers.
  - B ☐ She needs little training because she knows a lot already.
  - C ☐ She will be more respected by the students.
  - D ☐ both A + C

* 20. Lucy wakes up very early because …
  - A ☐ she is in love with a colleague.
  - B ☐ her way to work takes a long time.
  - C ☐ her thoughts keep circling around her job.
  - D ☐ she does not want to be late.

21. Why does Lucy sometimes feel incompetent?
  - A ☐ The students do not listen to her.
  - B ☐ She has problems operating the technical equipment.
  - C ☐ Students stay away from her classes.
  - D ☐ both B + C

* 22. Why does Lucy dress well for work?
  - A ☐ so students are less aggressive
  - B ☐ to feel more secure in front of the class
  - C ☐ because there is a strict dress code for students
  - D ☐ to fit in with the younger staff

* 23. Lucy likes working with students because she …
  - A ☐ enjoys being the centre of attention.
  - B ☐ likes getting their immediate feedback.
  - C ☐ learns a lot from young people.
  - D ☐ loves to help them develop.

* 24. What else does Lucy like about her job?

A ☐ She no longer feels the pressure to get a higher position.
B ☐ She can go back to something she enjoyed as a student.
C ☐ She has been given the chance to train new teachers.
D ☐ both A + B

* 25. Another title for this article could be:

A ☐ The horrors of school life
B ☐ A joyous time with the little ones
C ☐ Going crazy in the classroom
D ☐ A story of challenge and satisfaction

Reading: Candidate Answer Sheet Name: ____________________

For students: Put a tick (✓) in the correct box.

Part 1: What to Do in and around New Delhi

Number	Name	A	B	C	D	E	F	G
1/2	a) Marvin							
3/4	b) Christie							
5/6	c) Eric							
7/8	d) Chenoa							
9/10	e) Bryan							

/ 10 P

Part 2: Short Texts

Number	A	B	C	D
11				
12				
*13				
14				
15				
*16				

/ 6 P

Part 3: I Became a Teacher at 57 – I am Learning the Hard Way, Says Lucy Kellaway

Number	A	B	C	D
*17				
*18				
*19				
*20				
21				
*22				
*23				
*24				
*25				

/ 9 P

/ 25 P

Writing Part 1: Your Photo[1]

Photo A

Photo B

1 In Brandenburg ist Schreiben nicht Teil der Prüfung. Du kannst die folgenden Aufgaben als Vorbereitung auf die Berliner Prüfung nutzen. Im Jahr 2020 wurde in Berlin keine Prüfung geschrieben, sodass diese Aufgaben nicht zum Einsatz kamen.

Choose photo A <u>or</u> B.

- You have posted this photo.
- Your friend James wants to know more.
- Answer his questions.
- Write 30–50 words.

/ 5 P

Writing Part 2: Presents

- Read what the blogger has written.
- Then write back, answering all of the questions.
- Write a minimum of 100 words.

Home *Welcome to our site* | **Services** *What we do* | **Blog** *Read our stories* | **Contact** *Get in touch* | epinion

Blog › **Public topics** ›

present dilemma

Name:
GiftyGuy

A close friend of mine will be turning 16 this year and is having a big b-day party. Her invitation says she wants money instead of presents. I mean, hey … weird. How do you feel about money as a present?
And also, at the moment I really don't have any money at all. So what should I do?
What was the best present you ever got?
The other day I was talking to a friend and he said he had stopped giving presents altogether. What do you think about this?

____

____

____

____

____

____

____

____

____

____

____

____

Inhalt:	/ 5 P	Sprache:	/ 5 P	Gesamt:	/ 10 P

Integration auf Augenhöhe

Wie kann die Integration von geflüchteten Jugendlichen gelingen? Christina Tendel, pensionierte Lehrerin, hat darauf eine klare Antwort: „Für eine gelungene Integration müssen einzelne Menschen einzelnen Menschen helfen." Tendel leitet die Deutsch-AG an der Sophie-Scholl-Schule in Schöneberg – und dort passiert genau das: Berliner Schüler und geflüchtete Jugendliche treffen sich regelmäßig und lernen gemeinsam.

Die Idee für das Projekt hatten zwei Schülerinnen, die von Bildern und Berichten der Flucht über das Mittelmeer schockiert waren. Zusammen mit Tendel, ihrer damaligen Politik-Lehrerin, gründeten sie die Deutsch-AG. Mit einer Rundmail konnten sie über 40 Schüler der 11. bis 13. Klasse mobilisieren. Ein Verein, der minderjährige Flüchtlinge betreut und mit Unterkünften versorgt, vermittelte zwischen den Neuankömmlingen und Schülern. Seitdem kommen Woche für Woche Jungen wie Maged und Rodi nach Schöneberg, um ihr Deutsch zu verbessern. Die meisten sind aus Afghanistan und Syrien, Besuche von Mädchen sind eher eine Ausnahme.

Jeden Montag beginnt die Deutsch-AG um 16.30 Uhr mit etwa 20 Jugendlichen in der Cafeteria der Scholl-Schule. Geschnittene Äpfel, Laugengebäck und Tee warten dann bereits auf sie. Auf einen Gast kommen in der Regel drei freiwillige Helfer wie zum Beispiel Nadin und Idil.

Mit der Zeit verbesserten sich die Kommunikation per Zeichensprache sowie das Deutsch der Neuankömmlinge. Wenn die Hausaufgaben erledigt sind, werden Spiele gespielt oder über den Alltag geredet.

Auch die Helfer profitieren. Nadin und Idil sagen, dass sie viel Neues über fremde Kulturen und auch über die eigene Kultur lernen können.

Text: Justus Wilke: „Integration auf Augenhöhe" // „In der Deutsch-AG der Scholl-Schule lernen Berliner Schüler und Geflüchtete", *Tagesspiegel* vom 13. 02. 2018, https://www.genios.de/presse-archiv/artikel/TSP/20180213/integration-auf-augenhoehe-in-der-d/2018021311264205.html
Bild: © LIghtField Studios. Shutterstock

Jugendliche helfen Senioren – dafür gibt's ein Taschengeld

Erst seit einigen Monaten, ganz genau seit Mai, gibt es in Gladbeck die Taschengeldbörse. Keine lange Zeit, aber es hat gereicht, um sie Erfolgsgeschichte schreiben zu lassen.

Die Taschengeldbörse ist eine Gemeinschaftsaktion von Senioren- und Jugendbeirat. Sie bringt Senioren, die leichte Hilfe im Alltag benötigen, und Jugendliche, die helfen wollen, zusammen. Für diese springt bei erfolgreicher „Vermittlung" dann ein kleines Taschengeld heraus.

18 Jugendliche machen derzeit mit. Und für die meisten spielt das Geld dabei überhaupt keine Rolle. Sie verzichten gerne darauf, wenn sie zum Beispiel mitbekommen, dass „ihr" Senior nicht so viel Geld zur Verfügung hat.

Bei den Tätigkeiten, die die Jugendlichen übernehmen, soll es sich um leichte Arbeiten oder Hilfen handeln, wie etwa Rasen mähen, Hecke schneiden, kleine Arbeiten im Haushalt übernehmen oder einen Einkauf erledigen. Auf keinen Fall geht es um pflegerische Aufgaben und auch nicht darum, den kompletten Hausputz zu bewerkstelligen.

Zueinander finden Helfer und Hilfesuchende mittlerweile über eine eigens eingerichtete WhatsApp-Gruppe. Da wird eingestellt, wer wo Bedarf hat, und dann können die Jugendlichen sich bei Interesse melden.

Wie positiv sich eine solche „Paarung" entwickeln kann, zeigt folgende Geschichte: Ein junges Mädchen, das einmal angefragt war, um einer über 90-Jährigen ihr Smartphone zu erklären, geht mittlerweile regelmäßig mit „seiner" Seniorin in der Stadt bummeln. Einfach, weil die beiden sich gut verstehen. Dieses Beispiel zeigt, was so ein Angebot wie die Taschengeldbörse auch noch bewirken kann: nämlich eine Brücke zwischen den Generationen schlagen.

Text: Katrin Walger-Stolle: „Jugendliche helfen Senioren – dafür gibt's ein Taschengeld", *WAZ* vom 21. 09. 2018, https://www.waz.de/staedte/gladbeck/jugendliche-helfen-senioren-dafuer-gibt-s-ein-taschengeld-id215378719.html
Bild: © Ian Allenden | Dreamstime.com

✶ Writing Part 3: Mediation – Social Project

Your Irish friend Kim told you that she/he and her/his friend want to start a social project. Now they are looking for ideas of what they could do.

- You have found two articles.
- Read them and choose **one**.
- Write an e-mail to your friend Kim telling him/her what the project is about and mention at least four important aspects.
- Do not translate word for word.
- Write complete sentences.

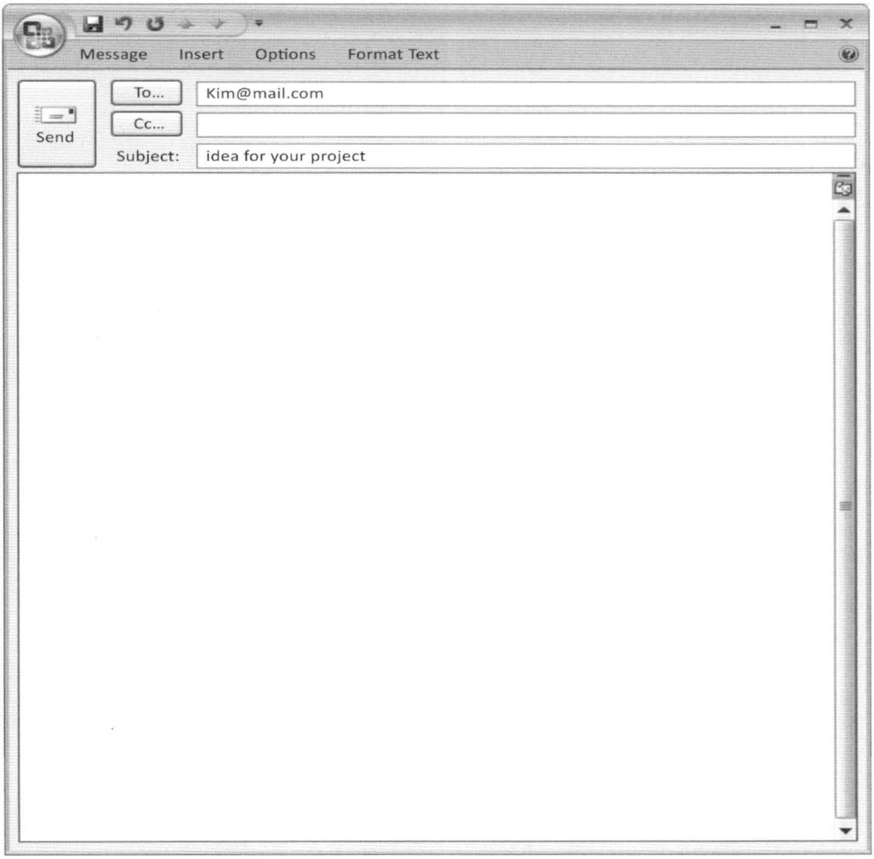

Inhalt: /5 P Sprache: /5 P Gesamt: /10 P

Listening Part 1: Voicemail Messages

Message One

Ah, I see, you're working hard. Wow! I can't wait to come and see you on stage. It must be so hard to remember all the lines. I mean that's hard anyway, but with this old language, it doesn't exactly make it any easier. I hardly recognise you in that costume. They're great, though … So many little details. You really look the part. How do they say? The boards that mean the world. Great stuff!

1. C

   Hinweis: *„on stage" (Z. 1); "with this old language, it doesn't exactly make it any easier." (Z. 2/3); "I hardly recognise you in that costume." (Z. 3/4)*

Message Two

Oh my gosh! Is that him? Your first real boyfriend! I'm so excited for you! He's so cute. I see what you mean about the mad hair, the just-got-up look. I like it, though. It suits him. He's a bit pale, though, isn't he? You need to drag him outside to see the sun a bit. Anyway, he's great. I totally see why you're so mad about him.

2. A

   Hinweis: *„the mad hair, the just-got-up look" (Z. 2); „a bit pale" (Z. 3) Diese Aufgabe zeigt, wie wichtig oft das Ausschlussprinzip sein kann. Der Absatz darüber, wie blass der beschriebene Junge ist, trifft nur auf Bild A zu.*

Message Three

Oh, I'm so sorry I can't be there with you on your big day. I'm missing your prom. You guys look amazing! I just love that you don't look like any other stereotypical prom couple. That jacket is just so you. Only a real geek like you can get away with actually wearing his favourite stories. Shame I can't see more of Laura's dress. Send me some more pics, please.

3. A

   Hinweis: *"That jacket is just so you." (Z. 3); „actually wearing his favourite stories" (Z. 4)*

Message Four

See, I told you it was going to happen one day. Here comes the chance of your life. I'll start crossing my fingers for you right now. You've worked so hard and you're so talented. How are you going to get there? By plane? It's quite a way. Ugh, I wish I could come with you for support. But it's the big game that same weekend so I have to work. I'll help you with your practice, though, if you want.

* 4. C

Hinweis: "Here comes the chance of your life." (Z. 1/2); "You've worked so hard and you're so talented." (Z. 2/3); "I'll help you with your practice" (Z. 5) Wichtig ist hier, das Bild auszuwählen, welches zeigt, dass die Person, an die die Nachricht gerichtet ist, selbst etwas leisten wird.

Listening Part 2: Radio Ads

Ad 1

Maddie: Hi! My name is Maddie. I knew this cool guy named Bobby. That guy was really cute and he had a great bum – talk about a six-pack. Bobby and I loved the water and every summer, we'd spend hours and hours with his dad's boat. Cool as Bobby was, he would never wear a life jacket. I would always wear mine and bug him over and over to wear his, but he'd always say, "You want me to cover up this great body with a stupid old life jacket?" He just wouldn't listen to me. And then one day it happened. Poor Bobby … I dumped him – for Michael. Michael wears a life jacket and his dad has a nicer boat.

Woman: Stay afloat, stay alive! Wear your life jacket. The Minnesota Department of Natural Resources.

eigene Zusammenstellung nach: Minnesota Department of Natural Resources

5. C

Hinweis: Dass es Bobby vor allem um sein Aussehen geht und er sich zu cool für eine Schwimmweste fühlt, wird an den folgenden Stellen im Text deutlich: "Cool as Bobby was, he would never wear a life jacket." (Z. 4); "he'd always say, 'You want me to cover up this great body with a stupid old life jacket?'" (Z. 5/6) Maddie und das Minnesota Department of Natural Resources finden aber, dass Sicherheit vorgeht: "Poor Bobby … I dumped him – for Michael. Michael wears a life jacket" (Z. 7/8); "Stay afloat, stay alive! Wear your life jacket." (Z. 9)

Ad 2

Do you use Wikipedia? Over 30 million people from every part of the world access Wikipedia every single day. You've never seen an ad on Wikipedia and you've never paid to access the content. Ever wonder how it all happens? Wikipedia is written by hundreds of thousands of volunteers from around the world. The servers and administration are maintained by the Wikimedia Foundation, which is funded by donations from people like you. Give today at donate.wikipedia.org.

"30 Million people …", Wikipedia, 26 September 2018, https://foundation.wikimedia.org/wiki/Press_room/Audio_content/Scripts, CC BY-SA 3.0

✶ 6. E

Hinweis: "funded by donations from people like you. Give today at donate. wikipedia.org." (Z. 5/6)

Ad 3

Thief: Come on, come on …

Man: Laptops, MP3 players, cameras, video games, cell phones – in times like these, schools can become a shopping mall for thieves.

Thief: Got it!

Man: Don't become a victim of crime! Leave your valuable stuff at home and if you do have to bring them to school, keep them with you. Write down their serial numbers and don't flash expensive items around. Be smart. If you have something cool, there's a good chance someone else will want it too. Keep cash and ATM cards in a secure place and never give anyone your PIN number and don't leave your schoolbag lying around where it can become a temptation to someone else. If you have something stolen, report the situation immediately. The sooner you tell someone the better the chance you'll get it back. Visit ncpc.org to learn more about how to prevent school theft. That's ncpc. org. A message from the US Department of Justice, National Crime Prevention Council and the Ad Council.

"Protecting what matters to you – Theft Kids", Department of Justice, http://www.nab.org/AM/ASPCode/SpotCenter/documents/guidebook_RapidResponse.pdf

7. F

Hinweis: "schools can become a shopping mall for thieves." (Z. 3); "Don't become a victim of crime! Leave your valuable stuff at home" (Z. 5); "Keep cash and ATM cards in a secure place and never give anyone your PIN number and don't leave your schoolbag lying around where it can become a temptation to someone else." (Z. 8–11); „how to prevent school theft" (Z. 13)

Ad 4

Colin: No more ugly ties for me at Christmas.

Deb: And I don't have to stockpile another useless kitchen gadget.

Colin: All thanks to World Vision's gift catalogue at worldvision.ca/gifts. I'm Colin Mochrie.

Deb: And I'm Deb McGrath. For eight years, we've been going online to choose gifts like chickens and goats for children and families living in poverty. Gifts that provide food, income and a hopeful future.

Colin: Deb and I travelled to the Congo where we saw how World Vision is changing children's lives for the better.

Deb: So, you thought the ties were ugly?

Colin: Not too ugly to re-gift. For gifts that change lives …

Deb: … go to worldvision.ca/gifts.

eigene Zusammenstellung nach: World Vision

* 8. B

Hinweis: *"choose gifts like chickens and goats for children and families living in poverty. Gifts that provide food, income and a hopeful future." (Z. 5–7); „For gifts that change lives …" (Z. 11)*

Listening Part 3: Survival Stories

Story 1

It was a Tuesday. I was driving down road 408 with my dog Sako in the passenger seat when my truck suddenly slipped off the road and rolled down an embankment into the woods. After the first shock I realised I couldn't move due to a badly broken leg. Luckily, Sako was by my side. He gave me some of the basics of survival out there in the cold harsh wilderness. To stay warm, Sako laid on top of me, which prevented me from freezing to death. My dog also fetched pieces of wood which I could use to make a fire with a lighter that I had in my pocket. Not only that, but Sako protected me fearlessly from all the coyotes and other animals that wanted to make me their lunch. He came back with only a bitemark on his neck. That was it. About 40 hours later someone happened to stop their car at the top of the hill to enjoy the view for a moment and heard me calling for help. And so the two of us were rescued. Later, there were lots of interviews and Sako was even on a TV news report.

Story 2

I'm an extreme marathon runner and my biggest challenge ever was the six-day race through the Sahara desert. There were only 80 of us running, so most of the time, I was on my own. In the evenings, though, everyone would pitch tents and hang out telling stories. It was fun. On the fourth day of the race, the wind turned into a violent sandstorm. I couldn't see, couldn't breathe, couldn't move – eight hours long. Afterwards the landscape had completely transformed, and I was lost and alone. I knew I had to be very careful. I drank the little water I had as slowly as I could and only walked during the cooler hours of the day. The next day a helicopter flew towards me but didn't see me. So, I almost gave up. But no, I kept walking. I was an athlete after all, and I had trained well. I walked in the desert for days, extremely hungry and almost starving. So I started eating snakes and lizards. I think my inner caveman instinct kicked in in that emergency situation. On the eighth day I saw some goats in the distance. The young girl who was looking after them saw me and fetched her parents. They took me to their camp and took care of me. I was shocked to discover that I'd wandered 291 km off course. It took my body two years to recover. But four years later I was back at the race again. Why? Because when I start something, I want to finish it.

Story 3

Looking back… euh, I know it wasn't smart. I was alone on the deck of my fishing boat forty miles at sea in the middle of the night. But I had work to do. I was trying to move a big heavy box leaning back with all my might when the next thing I knew I went overboard, fell straight into the black Atlantic Ocean. I yelled as loud as I could, trying to wake up my buddy who was asleep below deck. But the boat's engine was too loud, already taking the boat far out of reach. I was alone in the water. Now the first thing you're supposed to do if you're a fisherman and you fall into the water is to kick off your boots, but I realised that my boots were not pulling me down. In fact, my thick green rubber boots were lifting me up. So I had an idea. I took them off, filled them with air and put them under my armpits. It worked, they kept me above the water! At daybreak my fishing partner woke up, discovered I was missing and immediately called the coastguard for help. The search was not easy because no one knew when and where I had fallen overboard, but everyone was doing their best to look, even the fishermen in the area. Finally, twelve hours later, a helicopter search team spotted me bobbing in the water, bobbing along with my rubber boots. True story. Wanna know more about it? Then just go to your local bookstore to pick up a copy of the book about my odyssey. Written by yours truly.

9. truck slipped off the road (Z. 2)/truck rolled down an embankment (Z. 2)

10. dog kept him warm (Z. 5–7)/dog protected him from coyotes/animals (Z. 8/9)

11. someone heard him calling (Z. 11)

12. got into a sandstorm (Z. 4/5)/got lost in the desert (Z. 6)

13. young girl fetched parents (Z. 13/14)/taken care of in camp (Z. 14/15)

* 14. took two years to recover (Z. 15/16)/did the race again (Z. 16)

15. fell off boat/into Atlantic Ocean (at night) (Z. 4)

* 16. filled his boots with air (Z. 10)/floated along with his boots (Z. 10/11)

17. helicopter search team spotted him (Z. 15)

Listening Part 4: Cloning for Love?

Host: Good evening. I'm Maeve O'Reilly and I'd like to welcome you to our weekly edition of *Science Talk*. Well, love is hard to find and when you find it, you wanna keep it forever. In her pursuit of perpetual everlasting love, Barbra Streisand, an American singer and actress, is now living with two new dogs, Miss Scarlet and Miss Violet, clones of her well-loved Samantha who died in 2017. The puppies look like Samantha and are so similar to each other that Streisand had to put a red collar on one and a purple collar on the other so that she could tell them apart. And by the way, that's how Miss Scarlet and Miss Violet got their names. To discuss the controversial topic of pet cloning, I have a special guest here with me in the studio. I'd like to welcome Dr. Louis Nelson. Louis is an animal welfare activist and has written *The Puppy Mill*, a book about pet cloning. Good evening, Louis.

Louis: Good evening, everybody. Thanks for inviting me.

Host: Well, before we open the telephone lines to our listeners, Louis, what pushes pet owners like Barbra Streisand to clone their pets?

Louis: Well, as you know, a pet, a dog or a cat, is just like a member of the family, but the fact is that people live longer than dogs or cats. And now we are in the position to extend the relationship that pet owners have with their pets because of the great advances in biotechnology. For anybody who wishes to keep that love alive, there are cloning companies in South Korea and in the meantime also here in the US. These companies can produce a new puppy or kitten that shares almost all the original pet's features. People like Barbra Streisand who have a very intense relationship with their pets and who have the 50,000 dollars it costs to clone a pet dog are more than happy to make use of this new technology.

Host: When I think of a clone, I imagine an exact copy of some creature, a dog, cat, maybe even a parrot. The clone looks exactly the same and behaves like the original animal. Is that right?

Louis: Well, yes and no. A clone has the same DNA as the original animal and you can say it's a genetic twin born at a later date. They do have the same genes but they may look a little different. Let's say the original dog had a black coat with white spots. The white spots will be there but will probably vary in size and shape and could also be in different places. Human identical twins also have the same genes but because those genes are expressed differently in each person, they have different freckle and fingerprint patterns.

Host: Very interesting. But don't cloning companies advertise that the client will get an exact copy of their old pet?

Louis: They do indeed, but the clone will never be an exact copy of the original. A lot of the time, clients are so desperate to have their beloved dog or cat replaced that they don't think things through beforehand. I firmly believe that if a client knew and fully understood what cloning was about, they wouldn't want a clone. You can say that these companies are exploiting clients who are scared of losing their pets forever. They are simply taking advantage of their emotional state.

Host: So, it's all about making money then. Ah, I see that we have our first caller on the line. Hello?

Katie: I'm Katie and I've just tuned in. If you are a rich celebrity like Barbra Streisand, you definitely have the cash it costs to clone your pet, but what's the point of spending all that money if the clone looks different from the original? What about the dog's personality? Will that at least be the same?

Louis: As you know, the environment also plays a very important role for every living being, whether it's cloned or not. We are all products of both nature and nurture. Every puppy's personality is shaped during the first few months of its life and cloned puppies are often between three and four months old before they are picked up from the factory by their future owners. So, of course, the puppy will be affected by its experience in those first months. That's what we call nurture. And remember, a clone is a twin and we all know how different personality-wise twins can be. So, Barbra Streisand's cloned puppies, Miss Scarlet and Miss Violet, will more than likely have slightly different personalities from Samantha. But we'll have to wait and find out.

Host: Thank you, Katie, for your contribution. I hope Louis has answered your question. And now we have another caller on the line.

Peter: Hi, my name is Peter. I've just finished reading *The Puppy Mill* and I must say it's a great book, a real eye-opener.

Louis: Thank you so much.

Peter: There's only one thing you wrote about, which bothers me a lot. The dogs behind the dog to be cloned. So many dogs are needed as surrogate mothers, you know, as mothers to carry the clones to birth. Snuppy, for example, the first dog clone, born in South Korea in 2005. To produce Snuppy, more than a thousand embryos were surgically transferred to 123 surrogate dogs. Only three of them actually got pregnant and of those three puppies only one survived and that was Snuppy.

Host: How terrible!

Peter: Hmhm, and all the cases that went wrong that you mentioned in your book. Cloned animals are often born with unusually large hearts, lungs or kidneys. These organs don't function properly so that these dogs often develop severe health problems.

Louis: Indeed, Peter. I'd also like to say something about another problem: the dog overpopulation problem. This is really maddening. At the moment, the US is widely overpopulated with millions of unwanted pets that are living in animal shelters. Taking this into consideration, it's hard to imagine anyone spending 50,000 dollars to clone their own dog. And just think of how that 50,000 dollars could be used to benefit homeless animals if paid to their local shelter.

Host: Thanks, Peter, for this invaluable input. Unfortunately, we have to take a short break now. We'll be right back after the break. Stay tuned.

18. B

Hinweis: *"The puppies … are so similar to each other that Streisand had to put a red collar on one and a purple collar on the other so that she could tell them apart." (Z. 6–8)*

19. C

Hinweis: *"a pet, a dog or a cat, is just like a member of the family, but the fact is that people live longer than dogs or cats. And now we are in the position to extend the relationship that pet owners have with their pets" (Z. 16–18); „For anybody who wishes to keep that love alive" (Z. 19/20)*

20. A

Hinweis: *"A clone has the same DNA as the original animal … They do have the same genes but they may look a little different." (Z. 29–31)*

✶ 21. A

Hinweis: *Auf die Frage der Moderatorin, "don't cloning companies advertise that the client will get an exact copy of their old pet?" (Z. 36/37), antwortet Louis, "They do indeed, but the clone will never be an exact copy of the original." (Z. 38) Er bezichtigt die Firmen also der absichtlichen Lüge. Sein Urteil wird noch vernichtender, als er ausführt, "these companies are exploiting clients who are scared of losing their pets forever." (Z. 42/43)*

✶ 22. A

Hinweis: Im gesamten Absatz von Zeile 51 bis 60 erklärt Louis, dass der Charakter von Menschen und Tieren nicht nur genetisch bestimmt ist, sondern auch von den äußeren Umständen, unter denen diese aufwachsen, geprägt wird. Vom „level of intelligence" ist im Text keine Rede.

✶ 23. B

Hinweis: "To produce Snuppy, more than a thousand embryos were surgically transferred to 123 surrogate dogs. Only three of them actually got pregnant and of those three puppies only one survived" (Z. 69–72)

✶ 24. C

Hinweis: "the US is widely overpopulated with millions of unwanted pets that are living in animal shelters." (Z. 79–81); "imagine anyone spending 50,000 dollars to clone their own dog. And just think of how that 50,000 dollars could be used to benefit homeless animals if paid to their local shelter." (Z. 81–83)

✶ 25. C

Hinweis: Sowohl die Überschrift A als auch die Überschrift B sind ausgesprochen positiv, was nicht zu dem zum Teil sehr kritischen Interview passt (vgl. z. B. Z. 40–42, 66–77, 78–83). Als richtige Überschrift kommt also nur C infrage, da hier auch die negativen Seiten des Klonens von Haustieren erwähnt werden.

Reading Part 1: What to Do in and around New Delhi

Hinweis: Du sollst für jede der fünf Personen zwei Aktivitäten auswählen, die ihnen in New Delhi gefallen würden. Lies dir also sowohl die Beschreibungen der Personen als auch die angebotenen Aktivitäten gründlich durch und finde Übereinstimmungen. Manche Aktivitäten musst du mehrfach verwenden. An einigen Stellen musst du auf Details achten, um beispielsweise die beiden „Food"-Aktivitäten A und D voneinander abzugrenzen.

1./2. E, F

Hinweis zu Marvin: „a physical therapist"; "he is looking for some tips and tricks for his job to help him understand the physical and mental needs of his patients better." Marvin ist im Gesundheitssektor beschäftigt und sucht vor allem Anregungen für seinen Beruf.
"He is not a fan of large crowds … and busy streets. What interests him is the Indian culture and everyday life far away from the metropolis New Delhi." Wichtig ist, dass Marvin etwas außerhalb der Großstadt unternehmen will, das ihm außerdem die indische Kultur und das Alltagsleben

*der Inder*innen näherbringt. Alle Aktivitäten in New Delhi selbst kannst du schon einmal ausklammern, auch wenn sie Einblicke in Indiens Kultur und Alltagsleben vermitteln.*
→ *activity E: "You will experience new ways to strengthen your body and soul."; "revitalize your body and mind" Die Delhi Yoga Tour bietet genau die Anregungen für körperliche und mentale Fitness, die Marvin sucht.*
→ *activity F: "experience the true Indian spirit and enjoy the daily activities and rituals of the locals."; "It is also a great way to get out of the city and enjoy the simple life"; "You will get an insight into the villagers' beliefs, their customs" Diese Tour, die aus der Großstadt hinausführt und die Teilnehmenden in den „normalen indischen Alltag" eintauchen lässt, ist genau das Richtige für den ruheliebenden und kulturell interessierten Marvin.*

3./4. A, C

Hinweis zu Christie: *"tries to … taste as many local dishes as possible. So, a tour introducing her to the great variety of Indian specialties would be great." Christie ist es wichtig, die Vielfalt der indischen Küche kennenzulernen.*
"she hopes to get some practical ideas that could help her improve the living conditions in Kenya." Um sich auf ihr FSJ in Kenia vorzubereiten, will Christie gerne sehen, was zur Verbesserung der Lebensbedingungen in Armenvierteln getan werden kann.
→ *activity A: "try some authentic Indian bites on this Delhi tour."; „From homemade ice cream to fruit beer and dumplings"; "indulge in the colours, tastes and looks of authentic Indian cuisine." Auch wenn es zwei Touren (A und D) gibt, die die indische Küche in den Mittelpunkt stellen, ist für Christie der Delhi Food Walk am besten geeignet, da er die verschiedensten indischen Speisen vorstellt.*
→ *activity C: "a social enterprise that's lighting up lives in the slums of India. Learn how they're reducing indoor air pollution from kerosene and wood stoves, and bringing solar light to Delhi's tent slums." Die Solar Slum Tour dürfte genau nach Christies Geschmack sein. Dieses Sozialprojekt setzt sich nämlich für bessere Lebensbedingungen in Slums ein.*

5./6. B, F

Hinweis zu Eric: *„literally impossible to take a clear picture of a sight without dozens of people in the way"; „a sightseeing tour that avoids the tourists if possible" Hobbyfotograf Eric ist auf der Suche nach dem perfekten Bild ohne Touristenströme.*

"he is also interested in the people living in the countryside and he would like to learn more about how they see the world." Eric möchte außerdem mit Inderinnen und Indern in Kontakt kommen.

→ *activity B: "make it to the Taj Mahal in time to take in stunning views of the majestic palace at sunrise before the masses of tourists arrive." Ein Bild vom Taj Mahal ohne Touristen, wie es die Tour B verspricht, würde Eric sicher gefallen.*

→ *activity F: "The villages of India hold their own distinct charm."; "You will get an insight into the villagers' beliefs, their customs, the role of women, their superstitions, their religion and the problems that they face. You will get the chance to interact with the villagers" Auch hier ist die Entscheidung zunächst nicht ganz einfach, weil man sowohl bei Tour D als auch bei Tour F mit „locals" in Kontakt kommen kann. Tour F führt aber ins Umland und ist speziell auf Werte, Traditionen und Einstellungen der Menschen ausgerichtet, was perfekt zu Erics Interesse passt.*

7./8. D, G

Hinweis zu Chenoa: *„having a ‚peek through the kitchen window'"; "try out first-hand how a good curry is made" Auch Chenoa interessiert sich für die indische Küche. Sie möchte vor allem eigene praktische Kocherfahrungen sammeln.*

"She would also go on a longer tour that allows her to observe wildlife outside the city. Combining that with seeing historic places would be awesome." Chenoa würde außerdem gerne indische Tiere beobachten und das am liebsten mit einer kulturellen Unternehmung verbinden. Sie hätte auch Lust auf eine längere Tour.

→ *activity D: "Learn the art and tradition of Indian home cooking during this interactive one-day class and market tour in New Delhi."; "have a fun-filled cooking session with your expert hostess" Die Home Cooking Class, bei der man auch selbst aktiv werden kann, ist perfekt für Chenoa.*

→ *activity G: "you will not only see … native creatures, but you will also visit its grand 10th century 'Ranthambore Fort'. This is a complex of temples and mosques, monuments and crocodile-filled lakes"; "nature meets history"; „this 2-day wildlife tour" Die zweitägige National Park Tour mit ihrer Kombination aus Natur und Kultur entspricht genau Chenoas Vorstellungen.*

9./10. A, E

Hinweis zu Bryan: *"travelling is all about eating without having to do all the cooking himself." Für Bryan ist das Essen beim Reisen wichtig und er möchte nicht selbst kochen müssen.*

„doing some transcendental meditation" Beatles-Fan Bryan will genau wie seine Vorbilder gerne an einer Art Meditationszeremonie teilnehmen.

→ activity A: "try some authentic Indian bites on this Delhi tour." Von den beiden auf die Küche fokussierten Aktivitäten A und D ist der Delhi Food Walk passender, weil man hier nur probieren kann, ohne selbst aktiv werden zu müssen.

→ activity E: „the taste of … spirituality"; "revitalize your body and mind on a yoga tour" Seine Meditationserfahrung kann Bryan während der Delhi Yoga Tour machen.

Reading Part 2: Short Texts

11. C

Hinweis: *"You don't need to worry about walking your dog anymore because someone else can, for just £2 per walk."*

12. A

Hinweis: *"School appropriate attire is required in this classroom." „School appropriate attire" heißt so viel wie „für die Schule angemessene Kleidung". Wenn du diesen Ausdruck nicht verstehst, hilft dir vielleicht auch der Beginn des nächsten Satzes weiter: "If you are not dressed for learning".*

* 13. A

Hinweis: *„for visually-impaired residents" Es geht hier um eine Hörausgabe der Zeitung.*

14. B

Hinweis: *"Store your things with LOVESPACE"*

15. A

Hinweis: *Alle Stichpunkte sollen dabei helfen, sich richtig zu verhalten, wenn man mit dem Taxi fahren will. Dass es hierbei vorrangig um die Sicherheit der Fahrgäste geht, wird vor allem im letzten Stichpunkt deutlich.*

* 16. C

Hinweis: *Der Name des Produkts, „Seat Savers", zeigt seinen Zweck. Die „fake foods" sollen Plätze freihalten, indem sie deren Verschmutzung vorspiegeln.*

Reading Part 3: I Became a Teacher at 57 – I am Learning the Hard Way, Says Lucy Kellaway

* 17. D
Hinweis: „Now Teach, *a charity to encourage other fiftysomethings to quit their cushy jobs" (Z. 4/5)*

* 18. D
Hinweis: *"I'd spent so long writing columns that I was no longer getting any better at it and was possibly getting worse." (Z. 7–9)*

* 19. A
Hinweis: *"I would probably live into my nineties and so had another 15 years' working life ahead of me. In any case, the average teacher stays in the profession for only five years, so I was no worse a risk than the next person." (Z. 13–16)*

* 20. C
Hinweis: *"I am in a permanent state of excitement that reminds me of being in love. I am wide awake before dawn, thinking obsessively about my lessons and new tasks." (Z. 23–25)*

21. B
Hinweis: *"I am hopeless with the interactive smartboard" (Z. 27/28); „fail to figure out how to overwrite mistakes" (Z. 31)*

* 22. C
Hinweis: *"The school demands that pupils wear perfect uniform … – which means staff need to do their bit and dress properly too." (Z. 34–37) Die strengen Kleidervorschriften für die Schüler*innen werden zwar damit erklärt, "that if they have their ties done up properly they are less likely to throw a desk at their teachers" (Z. 35/36). Diese erhoffte geringere Aggressivität hat aber nichts mit der Kleidung der Lehrkräfte zu tun und ist ironisch gemeint.*

* 23. D
Hinweis: *Ab "Teaching is about them." (Z. 40) bis zum Ende des Absatzes wird gezeigt, wieviel Anteil Lucy an der Entwicklung ihrer Schüler*innen nimmt, wenn sie sich über deren Lernfortschritt freut (vgl. Z. 43/44) oder sagt, "I felt a passionate involvement in their progress." (Z. 42)*

∗ 24. D

Hinweis: "The view from the bottom of the ladder is far prettier than it appeared to me 35 years ago. Then I only wanted to climb. Now I am happy to stay where I am." (Z. 46–48); "For most of us, the subjects we loved at school were snatched away from us far too early. … I feel joy in returning to the certainties of maths, which I put aside when I finished my maths A level in 1977." (Z. 52–55)

∗ 25. D

***Hinweis:** Lucy Kellaway steht ihrem neuen Beruf sehr positiv gegenüber. Besonders deutlich wird das gegen Ende des Artikels, als sie schreibt: "Yet even in my most painful moments there are four joys of teaching that I never lose sight of." (Z. 38/39) Dieser Satz leitet einen Abschnitt ein, der Lucys Begeisterung und Zufriedenheit zum Ausdruck bringt. Er zeigt aber auch, dass sie mit dem Lehrerberuf eine große Herausforderung auf sich genommen hat. Das verdeutlichen beispielsweise auch die Abschnitte zum frühen Aufstehen (vgl. Z. 22–26) oder zu ihren Problemen und ihrer teilweisen Überforderung im Klassenzimmer (vgl. Z. 27–32). Antwort D ist also am besten geeignet, weil sie beides beinhaltet: die Herausforderungen und Lucys grundsätzliche Zufriedenheit mit ihrer Berufswahl.*

Writing Part 1: Your Photo

***Hinweis:** Zu einem der beiden Bilder sollst du eine kurze Chatantwort schreiben. Wichtig ist, dass du auf alle drei Fragen in der vorgegebenen Nachricht eingehst: Wer sind die Personen auf dem Bild? Was machen sie und wo befinden sie sich?*

Photo A

Beispiellösung:

I took this photo on our way back home from our holiday in Paris. We only booked four nights at the hotel. On our final day, we locked our stuff in the car, had another sightseeing tour and only left in the evening. This was so exhausting that my sister and brothers fell asleep immediately. (55 words)

Photo B

Beispiellösung:

This was at our yoga class. We had just begun the lesson, when this rabbit hopped into the room and stood in front of Chantelle. It just sat there throughout the whole lesson, like a dog waiting for its master. Then when Chantelle left, the rabbit followed her outside. Really funny! (51 words)

Writing Part 2: Presents

Hinweis: *Dein Text sollte eine Antwort auf den Blogeintrag von GiftyGuy sein. Sprich ihn also direkt an und gehe auf seine Fragen ein: Du sollst deine Meinung zu Geldgeschenken ausdrücken. Außerdem musst du berücksichtigen, dass er im Moment kein Geld für ein Geschenk hat. Darüber hinaus sollst du das beste Geschenk beschreiben, das du je bekommen hast, und darlegen, wie du darüber denkst, sich untereinander gar nichts mehr zu schenken.*

Beispiellösung:

Dear GiftyGuy,

The best present I ever got was my driver's license, but the best present I ever heard of was one of my parents' wedding gifts. All their friends had collected money and, at the wedding, they gave my parents an ugly vase. My parents thanked them but then there was an embarrassing silence. Suddenly, someone dropped the vase "by accident" … and it was full of money: banknotes and coins! That seems like a good way to give money as a gift. If you don't have any money at all, then think of something creative you can make that your friend would like. As to your other friend's idea not to give presents at all, I think this is a bit sad. I mean you don't have to buy a present if you really don't have the money. Just spending time together, writing a nice letter or something similar shows the other person that you care about them and put some thought into their gift. This is all that counts.
Let us know about your decision.

Best regards
Sophie (181 words)

✶ Writing Part 3: Mediation – Social Project

Hinweis: *Hier geht es darum, einen der beiden deutschen Artikel auf Englisch zusammenzufassen. Du musst den Inhalt nicht wortwörtlich übersetzen und auch nicht in seiner Gesamtheit wiedergeben. Achte auf die Aufgabenstellung, die dir vorgibt, dass du deinem Freund/deiner Freundin Kim behilflich sein sollst. Er/Sie ist auf der Suche nach einem sozialen Projekt, das er/sie ins Leben rufen könnte. Denk also an passende Formulierungen für eine E-Mail. Stelle kurz dar, um was für ein Projekt es sich handelt, und nenne mindestens vier Aspekte, die es näher beschreiben.*

Beispiellösung zu „Integration auf Augenhöhe":

Dear Kim,

I have a great idea for your social project. I've just read an article about a project based on the idea that integration of refugees works best through personal contacts. This project was organised by the German club at a Berlin school. The students invite refugees, mainly boys from Afghanistan and Syria, to their school cafeteria for tea and biscuits. This way the refugees mingle and acquire German skills. Generally, three volunteer students take care of one guest. They help them with homework and later play games or just talk to each other. The volunteers also profit from this. They learn a lot about their own as well as foreign cultures.
I hope I helped you with this idea and look forward to seeing you soon.

Jeanette (129 words)

Beispiellösung zu „Jugendliche helfen Senioren – dafür gibt's ein Taschengeld":

Dear Kim,

I think your idea is great. Making a difference is important for everybody. I've just read an article about a project where young people help the elderly. There's no hard work involved, the teens just do errands, help the elderly with housework and gardening or teach them how to use a smartphone. In return they're paid a small amount of pocket money. However, many youths willingly go without payment if "their" elderly person needs the money more than they do. Quite often this arrangement becomes more than a simple job and true friendships develop. Thus, a bridge between the generations can be built.
Let me know about your project.

Best Regards,
Tina (114 words)

Bildnachweis:

S. 2020-1: Band © Pavel L Photo and Video. Shutterstock; Tanzstunde © Iakov Filimonov. Shutterstock; Theater © Pressfoto | Dreamstime.com; Chor © Daisy Daisy. Shutterstock
S. 2020-2: Junge 1 © Viorel Sima | Dreamstime.com; Junge 2 © Andrew Poplavsky. 123rf.com; Junge 3 © David Tiberio. 123rf.com; Junge 4 © Cathy Yeulet. 123rf.com; Paar 1 © Neuburgs | Dreamstime.com, © Fourleaflover. Shutterstock; Paar 2 © Monkey Business Images | Dreamstime.com
S. 2020-3: Paar 3 © Monkey Business / AdobeStock; Paar 4 © Monkey Business / AdobeStock; Justin Bieber © Featureflash | Dreamstime.com; Football-Bilder © Denis Pepin. Shutterstock, © Liron Peer. 123rf.com
S. 2020-4: Kopfhörer © Robert Paul Laschon. 123rf.com
S. 2020-5: Bäume © Felix Lipov. Shutterstock; Wüste © Galyna Andrushko / AdobeStock; Meer © Maksimilian. Shutterstock
S. 2020-6: Hunde © Slaunger / Wikipedia, CC BY-SA
S. 2020-9: „Marvin“ © gstockstudio. 123rf.com; „Christie“ © HONGQI ZHANG. 123rf.com
S. 2020-10: „Eric“ © goodluz. 123rf.com; „Chenoa“ © AJR_photo. Shutterstock; „Bryan“ © mimagephotography. Shutterstock; Food Walk © Alex Hubenov. Shutterstock
S. 2020-11: Taj Mahal © saiko3p. 123rf.com; Slum © MrNovel. Shutterstock; Cooking © Zatletic | Dreamstime.com
S. 2020-12: Yoga © Dragon Images. Shutterstock; Töpferei © Elena Odareeva | Dreamstime.com; Nationalpark © Koshy Koshy / Wikipedia, CC BY 2.0
S. 2020-14: Rucksack © f9photos. Shutterstock; Gitarre © Tatiana Popova. Shutterstock; Bücher © Hong Vo. Shutterstock; Fahrrad © Aleksandr Kurganov. Shutterstock
S. 2020-15: umgeschüttetes Getränk © picsfive. 123rf.com
S. 2020-16: Lucy Kellaway © Jeff Gilbert / Alamy Stock Photo
S. 2020-21: schlafende Kinder © National Geographic Image Collection / Alamy Stock Photo; Hase Yoga © Forever Yoga, https://www.rescueleague.org/bunny-yoga
S. 2020-23: Geldgeschenk © Andy Dean Photography. Shutterstock

Textnachweis:

S. 2020-10: Food Walk © Urbanadventures, https://www.lonelyplanet.com/india/activities/delhi-food-walk/a/pa-act/ua-HUL/356195
S. 2020-11: Taj Mahal © Viator, https://www.viator.com/tours/New-Delhi/Agra-Taj-Mahal-Sunrise-Tour-from-New-Delhi/d804-17646P14; Solar Slum Tour © Urbanadventures, https://www.urbanadventures.com/ Bangalore-tour-pollinate-solar-slum-tour; Home Cooking Class © Viator, https://www.viator.com/tours/New-Delhi/Traditional-Indian-Home-Cooking-Class-and-Market-Tour-in-New-Delhi/d804-5588P88